中学英語への
橋渡し

「意味順」だからできる！

絵と図でよくわかる

小学生のための

中学英文法

入門

田地野 彰
Tajino Akira

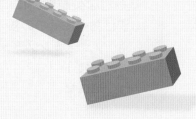

だれが	する(です)	だれ・なに	どこ	いつ
We	play	soccer	in the park	every day.

Jリサーチ出版

はじめに

本書の趣旨

　本書は、おもに小学生を対象とした中学基礎英語の解説書です。小学生が中学入学後に学ぶ重要な「英語の仕組み」（英文法）をイラストを用いて視覚的に理解し、体系的に学ぶことができるようにしました。

本書の背景（小・中・高での英語学習の現状）

　小学校においては、原則、明示的な文法指導は行いません。しかしながら、全国の高校１年生を対象としたある調査によれば、英語を苦手と感じるようになった時期として、「中１の前半」が挙げられ、さらにその高１生の約８割が、英語学習において「文法が難しい」と感じている、との結果が報告されています。（参考：ベネッセ教育総合研究所2020）。

　小学校での「楽しむ英語」から中学校での「学ぶ英語」へと移行する際になにか問題があるのかもしれません。こうした問題を少しでも解決したいとの気持ちから本書を執筆しました。

　中学基礎英文法の紹介という目的から、便宜上、中学・高校の参考書で用いられる文法用語を使用しておりますが、重要なことは、文法事項の解説で用いられる用語の学習ではなく、英文におけるそれぞれの事項の位置づけと役割・機能です。

体系的な英語学習に向けた工夫

本書はおもに３つの部分から成り立っています。

　　　ウォーミングアップ　　　「意味順」と英語のしくみ
　　　Part 1　　　　　　　　　中学英文法レッスン—キホンの文—
　　　Part 2　　　　　　　　　中学英文法レッスン—さまざまな文—

　英語でのコミュニケーションを目的とした場合、①意味と②形式、そして③使用の３つの観点からバランスよく英語を学ぶことが重要です。そこで Part 1・2 ではこれらの観点から各文法事項について問答（Q&A）形式で分かりやすく解説しています。

　最後に、本書を通して、一人でも多くの生徒たちが、英語の仕組みを視覚的に理解し、体系的に学習してくれることを願っております。

田地野　彰
（「意味順」考案者）

── この本を手に取ってくれたみんなへ ──

　この本は、中学校で学ぶ英語の「あらすじ」を紹介したものです。英語という言葉を使う上で守るべきさまざまなルールを「文法」と呼びます。わたしたちはこの文法にもとづいて英語を正しく理解し、また意味の通じる文を作っているのです。

　ところで、中学や高校で文法を学ぶ際に使われる用語（「文法用語」といいます）を難しく感じる生徒も少なくありません。そこで、この本では、できるだけ分かりやすくするために、イラストを用いながら、小さなルールである文法事項ごとに、英語を学ぶうえで大切な意味、使用、形について、つぎのように「生徒からの質問」と「ハカセからの回答」という形式で説明しています。

　　　生徒：○○ってどんな意味なの？
　　　ハカセ：それは「・・・」という意味だよ。

　　　生徒：どんな形をしているの？
　　　ハカセ：「・・・」という形だよ。

　このようなやり取りを通して、またイラストを用いて「英語のしくみ」に対する理解を深め、さらに「意味順」という「意味のまとまりの順じょ」を使って英文のしくみを視覚的に学んで欲しいと思います。

　さあ、いっしょに英語を楽しみましょう！

著者

もくじ

ウォーミングアップ 「意味順」と英語のしくみ

中学英文法レッスン ―キホンの文―

●ふつうの文

中学英文法レッスン —さまざまな文—

この本の特徴と使いかた

まずはイラストでイメージしてみましょう。

音声マーク
音声トラックの番号を表しています。

「意味順」ステップ
「意味順」ボックスを使って英語の文の並びかたをステップごとに確認していきます。

ハカセと女の子
ハカセと女の子の対話から意味と形を学んでいきます。

単語チェック
「意味順」ボックスに入ることばの意味を確認していきます。

- ●「意味順」ボックスに当てはめれば中学英文法がすっきり理解できる！
- ● かわいいイラストと、色分けされた「意味順」ボックスで楽しく学べる！
- ● ステップ0 から順に３つの学習ステップをふむことで、英語の語順ルールが定着！
- ● 音声ダウンロード付きで、発音・リスニングの練習ができる！

過去進行形のまとめ

わたしはそのとき、本を読んでいました。

だれが	する（です）	だれ・なに	どこ	いつ
わたしは	読んでいました	本を		そのとき
I	was reading	a book		then.

あなたはそのとき、手紙を書いていました。

だれが	する（です）	だれ・なに	どこ	いつ
あなたは	書いていました	手紙を		そのとき
You	were writing	a letter		at that time.

ケンはそのとき、かれの部屋でテレビを見ていました。

だれが	する（です）	なに・を	どこ	いつ
ケンは	見ていました	テレビを	かれの部屋で	そのとき
Ken	was watching	TV	in his room	then.

☞ ここが たいせつ！

「そのとき〜しているところでした」のように、過去のある時点で、ちょうど動作をしていたことを表すものを 過去進行形 というんだ！

過去進行形は、する（です）に過去形のbe＋動詞〜ingを入れるのが基本だよ。be動詞は だれが によって変わるんだ。つまり、だれが によって、was / were ＋ 〜ingとなるよ。

60

過去進行形のいろいろな文

I was studying **English.**（わたしは英語を勉強していました。）

Kento was playing **baseball.**（ケントは野球をしていました。）

My aunt was riding **a bicycle.**
（わたしのおばは、自転車に乗っていました。）

You were eating **cookies.**（あなたはクッキーを食べていました。）

We were making **dinner.**（わたしたちは夕食を作っていました。）

過去進行形とは…

① 「そのとき〜しているところでした」の意味を持ち、過去にちょうど動作をしていたことを表す！
② 過去形のbe動詞＋動詞の元の形（原形）〜 ingの形で表す！
③ be動詞は、だれが によって was か were を判断する！

○○は／○○の／○○に／○○のもの

人／モノ	〜が、〜は	〜の	〜に、〜を	〜のもの
わたし	I	my	me	mine
あなた	you	your	you	yours
かれ	he	his	him	his
かのじょ	she	her	her	hers
それ	it	its	it	—
わたしたち	we	our	us	ours
かれら かのじょら それら	they	their	them	theirs

61

まとめ

各ページそれぞれ学習した文法を確認していきます。

7

音声ダウンロードのしかた

STEP1 商品ページにアクセス！　方法は次の3とおり！

- QRコードを読み取ってアクセス。

- https://www.jresearch.co.jp/book/b510833.html を入力してアクセス。
- Jリサーチ出版のホームページ（https://www.jresearch.co.jp/）にアクセスして、「キーワード」に書籍名を入れて検索。

STEP2 ページ内にある「音声ダウンロード」ボタンをクリック！

STEP3 ユーザー名「1001」、パスワード「24888」を入力！

STEP4 音声の利用方法は2とおり！
学習スタイルに合わせた方法でお聴きください！

- 「音声ファイル一括ダウンロード」より、ファイルをダウンロードして聴く。
- ▶ボタンを押して、その場で再生して聴く。

- ダウンロードした音声ファイルは、パソコン・スマートフォンなどでお聴きいただくことができます。一括ダウンロードの音声ファイルは .zip形式で圧縮してあります。解凍してご利用ください。ファイルの解凍がうまくできない場合は、直接の音声再生も可能です。
- 音声ダウンロードについてのお問い合わせ先：toiawase@jresearch.co.jp（受付時間：平日9時〜18時）

ウォーミングアップ

「意味順」と 英語のしくみ

英語は、

| だれが | する（です） | だれ・なに | どこ | いつ |

という順番で意味がまとまっているんだ。

この「意味のまとまりの順じょ」のことを「意味順」と呼ぶよ。

まずは、「意味順」と英語のしくみを学んでいこう！

英語の特徴

英語のしくみを理解するには、まず英語の特徴を知ることが大切なんだ。そのひとつに「ことばの並び順」というのがあるよ。
では、どのようにことばが並んでいるか確認していこう。
まずは次の日本語の並び順から見てみよう。

わたしは毎日、図書館で本を読みます。

この文をことばのかたまりで分けていくと

わたしは	毎日	図書館で	本を	読みます

となるね！
ではことばの並び順はというと…

だれが	いつ	どこで	なにを	する（です）

という順番になっているね。

では次に、英語の並び順を見てみよう。

I read a book in the library every day.

この文をことばのかたまりで分けていくと

わたしは	読みます	本を	図書館で	毎日
I	read	a book	in the library	every day.

並び順は

だれが	する（です）	なにを	どこで	いつ

になっているね。

このように、英文を「意味」から整理して並べたものを「意味順」というよ。

意味順は、「意味のまとまりの順番」のことで、基本的には次の

で続く並びのことをいうよ。

この5つを「意味順」ボックスと呼ぶんだ。

「意味順」ボックスとは？

前のページで「だれが」「する（です）」「だれ・なに」「どこ」「いつ」の5つの意味順ボックスを学んだね。
ここではそれぞれのボックスに何が入るのか確認(かくにん)しておこう。

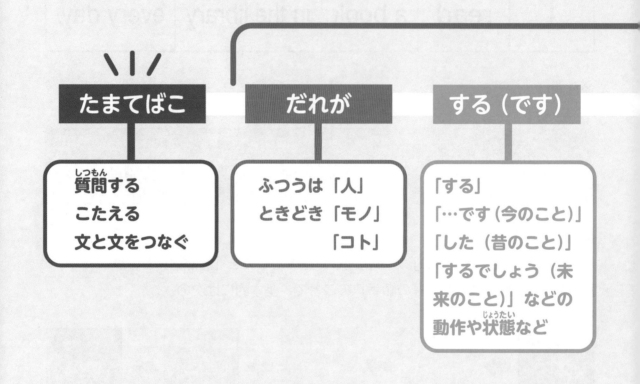

たまてばこ

質問(しつもん)する
こたえる
文と文をつなぐ

だれが

ふつうは「人」
ときどき「モノ」
「コト」

する（です）

「する」
「…です（今のこと）」
「した（昔のこと）」
「するでしょう（未来のこと）」などの
動作や状態(じょうたい)など

キホンの５つ

だれ・なに	どこ	いつ
1つでもOK 2つ使うときは 「だれに」「なにを」 または 「だれが」「なんだ」	「どこに」 「どこで」 「どこへ」 など	「毎日」「昨日」 「今」「そのとき」 「明日」 など

「たまてばこ」ってなんだろう…？

「たまてばこ」は文をつなぐとき
や相手に質問したりするときに
登場するボックスのことだよ！

「意味順」と文のしくみ

英語には5つ文のパターンがあるんだ。「意味順」を使って、どんな形があるか、確認しておこう！

だれが + する（です） の文（第1文型）

①赤ちゃんは笑います。

だれが	する（です）	だれ・なに	どこ	いつ
赤ちゃんは	笑います			
The baby	smiles.			

だれが + する（です） + だれ の文（第2文型）

②かのじょはわたしの妹です。

だれが	する（です）	だれ・なに	どこ	いつ
かのじょは	です	わたしの妹		
She	is	my sister.		

だれが + する（です） + なに の文（第3文型）

③わたしはピアノを弾きます。

だれが	する（です）		だれ・なに	どこ	いつ
わたしは	弾きます		ピアノを		
I	play		the piano.		

だれが + **する（です）** + **だれ・なに** の文（第４文型）

④かれはわたしに英語を教えました。

だれが	する（です）	だれ・なに		どこ	いつ
かれは	教えました	わたしに	英語を		
He	taught	me	English.		

だれが + **する（です）** + **だれ・なに** の文（第５文型）

⑤わたしたちはかれをビリーと呼んでいます。

だれが	する（です）	だれ・なに		どこ	いつ
わたしたちは	呼んでいます	かれを	ビリーと		
We	call	him	Billy.		

４つめの文は **だれ・なに** ボックスに「だれに」「なにを」が入るよ。
５つめの文は「だれを」「なんと」が入るよ！
「だれを」と「なんと」は同じ人を指すんだ。

５つの文型とは…

❶ **だれが** + **する（です）**

❷ **だれが** + **する（です）** + **だれ**

❸ **だれが** + **する（です）** + **なに**

❹ **だれが** + **する（です）** **だれ・なに** （だれに／なにを）

❺ **だれが** + **する（です）** **だれ・なに** （だれを／なんと）

「意味順」ボックスの中身を入れかえると…

意味順ボックスを使えば、中のことばを入れかえていろいろなことが話せるよ。
たとえば、次の日本語の3つの文を見てみよう。

① わたしは　毎日　公園で　サッカーを　します。
② わたしは　毎日　公園で　テニスを　　します。
③ わたしは　毎日　公園で　野球を　　　します。

だれが	する（です）	だれ・なに	どこ	いつ
わたしは	します	サッカーを	公園で	毎日
I	play	soccer	in the park	every day.

だれ・なに
テニスを
tennis

「だれ・なに」ボックスの中身だけ変わっているね！

だれ・なに
野球を
baseball

「だれ・なに」ボックスの中身が baseball に変わっているね！

日本語が「サッカーを」「テニスを」「野球を」と変わったように、意味順ボックスも だれ・なに だけ変わったね。このように意味順ボックスを使えば中身を入れかえて、さまざまなことが伝えられるよ！

Part 1
中学英文法レッスン

── キホンの文 ──

「意味順ハカセ」といっしょに、中学英文法をマスターしよう！

まずは、キホンの文（肯定文）で英文法の基本をおぼえよう！

現在形（be動詞）❶ am, is, are

わたしは〇〇です。

be動詞ってなに？

する（です）ボックスに入ることばで「〇〇です」「〇〇にいる／ある」
の意味になるんだ。

どんな形？

形は3つ。am, is, are だよ。だれが によって、形が変わるんだ。
次の文を見てみよう。

● この文を英語にしたい！

ステップ0

わたしは忍者です。

● 意味のまとまりで区切る！

ステップ1

わたしは ◉ 忍者 ◉ です。

● 「意味順」ボックスに入れると、英語の順番になる！

ステップ2

だれが	する（です）	だれ・なに	どこ	いつ
わたしは	です	忍者		

● 日本語を英語に置きかえれば、英文の完成！

ステップ3

だれが	する（です）	だれ・なに	どこ	いつ
わたしは	です	忍者		
I	am	a ninja.		

✔ ☐ わたしは ＝ I
　☐ です ＝ am
　☐ 忍者 ＝ a ninja

I am a ninja.
わたしは忍者です。

●この文を英語にしたい！

ステップ0

あなたは看護師です。

●意味のまとまりで区切る！

ステップ1

あなたは ◆ 看護師 ◆ です。

●「意味順」ボックスに入れると、英語の順番になる！

ステップ2

だれが	する（です）	だれ・なに	どこ	いつ
あなたは	です	看護師		

●日本語を英語に置きかえれば、英文の完成！

ステップ3

だれが	する（です）	だれ・なに	どこ	いつ
あなたは	です	看護師		
You	are	a nurse.		

✔ □ あなたは ＝ You
  □ です ＝ are
  □ 看護師 ＝ a nurse

You are a nurse.
あなたは看護師です。

する（です）には are が入っているね。
だれが が「あなた」や「（2人以上の）人・モノ）」のときは are になるんだね。

20

●この文を英語にしたい！

ステップ0

その少女は幸せです。

●意味のまとまりで区切る！

ステップ1

その少女は ◆ 幸せ ◆ です。

●「意味順」ボックスに入れると、英語の順番になる！

ステップ2

だれが	する（です）	だれ・なに	どこ	いつ
その少女は	です	幸せ		

●日本語を英語に置きかえれば、英文の完成！

ステップ3

だれが	する（です）	だれ・なに	どこ	いつ
その少女は	です	幸せ		
The girl	is	happy.		

✔ ☐ その少女は ＝ The girl
☐ です ＝ is
☐ 幸せ ＝ happy

The girl is happy.
その少女は幸せです。

する（です）には is が入っているね。だれが に「かれ」「かのじょ」、
または「（ひとりの）人・モノ」が入るときは is になるんだ。

be動詞のまとめ

わたしは忍者です。

だれが	する（です）	だれ・なに	どこ	いつ
わたしは	です	忍者		
I	am	a ninja.		

あなたは看護師です。

だれが	する（です）	だれ・なに	どこ	いつ
あなたは	です	看護師		
You	are	a nurse.		

その少女は幸せです。

だれが	する（です）	だれ・なに	どこ	いつ
その少女は	です	幸せ		
The girl	is	happy.		

ここが
たいせつ！

am, is, areはそれぞれ「〜です」という意味があるよ。
これらを be動詞 というんだ！

日本語では全部「です」と言うのに英語ではちがうんだね。

そう！ 英語では だれが によって する（です）
の中身が変わるんだ。確認しておこう！

am
↑
is ← be動詞 → are

be動詞は3種類ある！

だれが	いっしょに使うbe動詞
I（わたしは）	am
You（あなたは）	are
He（かれは）	is
She（かのじょは）	
It（それは）	
We（わたしたちは）	are
They（かれらは／それらは）	

be動詞とは…

❶ 「〜です」「〜にいる／ある」の意味を持つ。

❷ am, is, are の3種類の形がある！　 だれが によって使い分ける！

現在形（一般動詞）❶ play, get up

ダウンロード
03

わたしは〇〇します。

一般動詞ってなに？

be動詞以外の動詞のことだよ。「食べる」「遊ぶ」などの動作や毎日の習慣（顔を洗う、歯をみがく）を表すよ。

どんな形？

だれが の中身によって、元の形（一般動詞の原形）に s や es をつけるんだ。

●この文を英語にしたい！

ステップ0

わたしはバイオリンを演奏します。

●意味のまとまりで区切る！

ステップ1

わたしは ◆ バイオリンを ◆ 演奏します。

●「意味順」ボックスに入れると、英語の順番になる！

ステップ2

だれが	する（です）	だれ・なに	どこ	いつ
わたしは	演奏します	バイオリンを		

●日本語を英語に置きかえれば、英文の完成！

ステップ3

だれが	する（です）	だれ・なに	どこ	いつ
わたしは	演奏します	バイオリンを		
I	play	the violin.		

✔ ☐ わたしは ＝ I
　 ☐ 演奏する ＝ play
　 ☐ バイオリン ＝ the violin

I play the violin.
わたしはバイオリンを演奏します。

●この文を英語にしたい！

ステップ0

あなたは７時に起きます。

●意味のまとまりで区切る！

ステップ1

あなたは ◆ ７時に ◆ 起きます。

●「意味順」ボックスに入れると、英語の順番になる！

ステップ2

だれが	する（です）	だれ・なに	どこ	いつ
あなたは	起きます			７時に

●日本語を英語に置きかえれば、英文の完成！

ステップ3

だれが	する（です）	だれ・なに	どこ	いつ
あなたは	起きます			７時に
You	get up			at seven.

✔ ☐ あなたは ＝ You
☐ 起きる ＝ get up
☐ ７時に ＝ at seven

You get up at seven.
あなたは７時に起きます。

get up は「起きる」という意味があるよ。これも動作だね。そのほかにも「食べる」「見る」「話す」など、動作を表すことばがたくさんあるね。

●この文を英語にしたい！

ステップ0

かのじょは毎日サッカーをします。

●意味のまとまりで区切る！

ステップ1

かのじょは ◆ 毎日 ◆ サッカーを ◆ します。

●「意味順」ボックスに入れると、英語の順番になる！

ステップ2

だれが	する（です）	だれ・なに	どこ	いつ
かのじょは	します	サッカーを		毎日

●日本語を英語に置きかえれば、英文の完成！

ステップ3

だれが	する（です）	だれ・なに	どこ	いつ
かのじょは	します	サッカーを		毎日
She	plays	soccer		every day.

✔ □ かのじょは ＝ She □ する ＝ plays
　 □ サッカー ＝ soccer □ 毎日 ＝ every day

She plays soccer every day.
かのじょは毎日サッカーをします。

みなさん、何か気づいたかな？ そう！ play に s がついて plays になっているね。 だれが が、「わたしは」と「あなたは」以外の1人の人の場合、「かれは」、「かのじょは」などのときは、 する の単語の最後に s や es をつけるんだ。

レッスン **02** 現在形（一般動詞）

27

一般動詞のまとめ

わたしはバイオリンを演奏します。

だれが	する（です）	だれ・なに	どこ	いつ
わたしは	演奏します	バイオリンを		
I	play	the violin.		

あなたは7時に起きます。

だれが	する（です）	だれ・なに	どこ	いつ
あなたは	起きます			7時に
You	get up			at seven.

かのじょは毎日サッカーをします。

だれが	する（です）	だれ・なに	どこ	いつ
かのじょは	します	サッカーを		毎日
She	plays	soccer		every day.

ここが
たいせつ！

「演奏する」「起きる」「サッカーをする」は、どれも
動作を表しているね。これらを 一般動詞 というんだ！
be動詞とちがって一般動詞はたくさんあるよ。ほか
に知っている一般動詞はあるかな？

よく使う一般動詞

一般動詞	意味
play	（スポーツなどを）する、（楽器を）演奏する
have	持っている
read	読む
speak	話す
study	勉強する
watch	見る

●三人称単数現在形の s、略して「三単現の s」ってなに？

一般動詞「する」は、 だれが によって変わるんだ。 だれが が「わたしは（I）」と「あなたは（you）」、「わたしたちは（we）」、「かれらは、かのじょらは、それらは（they）」のときは形は変わらないよ。

でも「かれは（he）」、「かのじょは（she）」、「それは（it）」など、I と you 以外の1人（1つ）のときは、一般動詞の最後に s または es をつけるんだ。（例：play → plays、watch → watches）

このルールを「三人称単数現在形の s」、略して「三単現の s」というよ。

●三単現の s に注目してみよう

I **play** soccer every day.（わたしは毎日サッカーをします。）

He **plays** soccer every day.（かれは毎日サッカーをします。）

My sister **reads** books every day.（わたしの姉は毎日本を読みます。）

Naoto **watches** TV every day.（ナオトは毎日テレビを見ます。）

一般動詞とは…

❶ 「〜する」の意味を持ち、主に動作を表す！ be動詞（am, is, are）以外の動詞はすべて一般動詞！

❷ だれが によって形が変わる場合がある！（三単現の s）

03

① 過去形（be動詞） was, were

ダウンロード 04

わたしは〇〇でした。

be動詞の過去形ってなに？

> だれが について過去の話をするときに使うよ。
> 「〇〇でした」や「（場所）〇〇にいました」という意味があるんだ。

どんな形？

> was と were があるよ。だれが によって形が変わるんだ。
> する（です）のボックスの中に入るよ。

	だれが	する（です）	だれ・なに	どこ	いつ
キホンの文 はこれ！	わたしは	です	学生		今
	I	am	a student		now.

●この文を英語にしたい！

ステップ0

わたしは10年前、学生でした。

●意味のまとまりで区切る！

ステップ1

わたしは ◆ 10年前 ◆ 学生 ◆ でした。

●「意味順」ボックスに入れると、英語の順番になる！

ステップ2

だれが	する（です）	だれ・なに	どこ	いつ
わたしは	でした	学生		10年前

●日本語を英語に置きかえれば、英文の完成！

ステップ3

だれが	する（です）	だれ・なに	どこ	いつ
わたしは	でした	学生		10年前
I	was	a student		ten years ago.

✔ ☐ わたしは ＝ I

☐ でした ＝ was

☐ 学生 ＝ a student

☐ 10年前 ＝ ten years ago

I was a student ten years ago.

わたしは10年前、学生でした。

31

	だれが	する（です）	だれ・なに	どこ	いつ
キホンの文 はこれ！	あなたは	です	学生		今
	You	are	a student		now.

●この文を英語にしたい！

ステップ0

あなたは去年、学生でした。

●意味のまとまりで区切る！

ステップ1

あなたは ◆ 去年 ◆ 学生 ◆ でした。

●「意味順」ボックスに入れると、英語の順番になる！

だれが	する（です）	だれ・なに	どこ	いつ
あなたは	でした	学生		去年

ステップ2

●日本語を英語に置きかえれば、英文の完成！

だれが	する（です）	だれ・なに	どこ	いつ
あなたは	でした	学生		去年
You	were	a student		last year.

ステップ3

✓ □ あなたは = You   □ でした = were
　 □ 学生 = a student   □ 去年 = last year

You were a student last year.
あなたは去年、学生でした。

だれが があなた（You）のときは were を使っているね。

	だれが	する（です）	だれ・なに	どこ	いつ
キホンの文 はこれ！	かれは	います	おなかがすいて（いる状態）		今
	He	is	hungry		now.

●この文を英語にしたい！

ステップ0

かれは1時間前、おなかがすいていました。

●意味のまとまりで区切る！

ステップ1

かれは ◆ 1時間前 ◆ おなかがすいて ◆ いました。

●「意味順」ボックスに入れると、英語の順番になる！

ステップ2

だれが	する（です）	だれ・なに	どこ	いつ
かれは	いました	おなかがすいて（いる状態）		1時間前

●日本語を英語に置きかえれば、英文の完成！

ステップ3

だれが	する（です）	だれ・なに	どこ	いつ
かれは	いました	おなかがすいて（いる状態）		1時間前
He	was	hungry		an hour ago.

✔ ☐ かれは ＝ He

☐ でした ＝ was

☐ おなかがすいて ＝ hungry

☐ 1時間前 ＝ an hour ago

He was hungry an hour ago.
かれは1時間前、おなかがすいていました。

過去形（be動詞）のまとめ

わたしは10年前、学生でした。

だれが	する（です）	だれ・なに	どこ	いつ
わたしは	でした	学生		10年前
I	was	a student		ten years ago.

あなたは去年、学生でした。

だれが	する（です）	だれ・なに	どこ	いつ
あなたは	でした	学生		去年
You	were	a student		last year.

かれは１時間前、おなかがすいていました。

だれが	する（です）	だれ・なに	どこ	いつ
かれは	いました	おなかがすいて（いる状態）		１時間前
He	was	hungry		an hour ago.

ここが
たいせつ！

「きのう〜でした」のように、過去のことを英語で表すときは、動詞を 過去形 にするよ！

be動詞を過去形にするときは am と is が was、are が were になるよ。

I am busy.（わたしはいそがしいです。）

I was busy yesterday.（わたしは昨日、いそがしかったです。）

We are in Tokyo.（わたしたちは東京にいます。）

We were in Tokyo last month.（わたしたちは先月東京にいました。）

注 be動詞には「いる」という意味もあるよ。

be動詞　現在形は3種類　　過去形は2種類

am
is　　　＞　　　was
are　　　→　　　were

だれが の中身が1人または1つのとき

だれが	〜です（〜でした）	
	現在形（です）	過去形（でした）
I（わたしは）	am	was
You（あなたは）	are	were
He（かれは）		
She（かのじょは）	is	was
It（それは）		

だれが の中身が2人以上または2つ以上のとき

だれが	〜です（〜でした）	
	現在形（です）	過去形（でした）
We（わたしたちは）		
You（あなたたちは）		
They（かれらは） 　　　（かのじょらは） 　　　（それらは）	are	were

be動詞の過去形とは…

❶ 過去のある時点で、「〜でした」「〜にいた」という意味を持つ！

❷ was と were の2種類の形がある！　だれが によって使い分ける！

03

❷ 過去形（一般動詞） played, watched, went

ダウンロード
05

わたしは○○しました。

○月1日

I play soccer.

○月2日

I played soccer yesterday.

一般動詞の過去形ってなに？

「食べる」「遊ぶ」などの動作を「（2時間前に）食べた」「（昨日）遊んだ」というように、以前したことやあったことを話すときに使うよ。

どんな形？

動詞のあとに d や ed をつけて表す場合と、動詞自体の形が変わる場合があるよ。

	だれが	する（です）	だれ・なに	どこ	いつ
キホンの文 はこれ！	わたしは	します	サッカーを		毎日
	I	play	soccer		every day.

●この文を英語にしたい！

ステップ0

> わたしは昨日、サッカーをしました。

●意味のまとまりで区切る！

ステップ1

> わたしは ◈ 昨日 ◈ サッカーを ◈ しました。

●「意味順」ボックスに入れると、英語の順番になる！

ステップ2

だれが	する（です）	だれ・なに	どこ	いつ
わたしは	しました	サッカーを		昨日

●日本語を英語に置きかえれば、英文の完成！

ステップ3

だれが	する（です）	だれ・なに	どこ	いつ
わたしは	しました	サッカーを		昨日
I	played	soccer		yesterday.

✔ □ わたしは ＝ I
　□ （スポーツなどを）した ＝ played（する＝ play）
　□ サッカー ＝ soccer
　□ 昨日 ＝ yesterday

I played soccer yesterday.
わたしは昨日、サッカーをしました。

	だれが	する（です）	だれ・なに	どこ	いつ
キホンの文 はこれ！	あなたは	見ます	テレビを		毎日
	You	watch	TV		every day.

●この文を英語にしたい！

ステップ0

あなたは昨日の夜、テレビを見ました。

●意味のまとまりで区切る！

ステップ1

あなたは ◆ 昨日の夜 ◆ テレビを ◆ 見ました。

●「意味順」ボックスに入れると、英語の順番になる！

ステップ2

だれが	する（です）	だれ・なに	どこ	いつ
あなたは	見ました	テレビを		昨日の夜

●日本語を英語に置きかえれば、英文の完成！

ステップ3

だれが	する（です）	だれ・なに	どこ	いつ
あなたは	見ました	テレビを		昨日の夜
You	watched	TV		last night.

✓ □ あなたは ＝ You
　□ 見た ＝ watched（見る＝ watch）
　□ テレビ ＝ TV
　□ 昨日の夜 ＝ last night

You watched TV last night.
あなたは昨日の夜、テレビを見ました。

	だれが	する（です）	だれ・なに	どこ	いつ
キホンの文 はこれ！	コウキは	行きます		神戸に	毎週
	Koki	goes		to Kobe	every week.

●この文を英語にしたい！

ステップ0

コウキは先週、神戸に行きました。

●意味のまとまりで区切る！

ステップ1

コウキは ◈ 先週 ◈ 神戸に ◈ 行きました。

●「意味順」ボックスに入れると、英語の順番になる！

ステップ2

だれが	する（です）	だれ・なに	どこ	いつ
コウキは	行きました		神戸に	先週

●日本語を英語に置きかえれば、英文の完成！

ステップ3

だれが	する（です）	だれ・なに	どこ	いつ
コウキは	行きました		神戸に	先週
Koki	went		to Kobe	last week.

✓ □ 行った = went（go の過去形）

　 □ 神戸に = to Kobe

　 □ 先週 = last week

Koki went to Kobe last week.

コウキは先週、神戸に行きました。

レッスン **03** 過去形（一般動詞）

過去形（一般動詞）のまとめ

わたしは昨日、サッカーをしました。

だれが	する（です）	だれ・なに	どこ	いつ
わたしは	しました	サッカーを		昨日
I	played	soccer		yesterday.

あなたは昨日の夜、テレビを見ました。

だれが	する（です）	だれ・なに	どこ	いつ
あなたは	見ました	テレビを		昨日の夜
You	watched	TV		last night.

コウキは先週、神戸に行きました。

だれが	する（です）	だれ・なに	どこ	いつ
コウキは	行きました		神戸に	先週
Koki	went		to Kobe	last week.

ここが たいせつ！

go（行く）の過去形が went に変わっているね！

ほかにも形が変わるものがいくつかあるよ。

e で終わる動詞　use（使う）→ used（使った）

　＝ d だけついてるね！

y で終わる動詞　study（勉強する）→ studied

　＝ y が i に変わって、さらに ed がつくのもあるよ！

一般動詞の場合は、 だれが に関係なく、過去形にするだけでOK！

She played tennis.（かのじょはテニスをしました。）
I played tennis.（わたしはテニスをしました。）

よく使う一般動詞の過去形

● ed/d/ied で終わるもの

元の形（原形）	意味	過去形	意味
play	する、演奏する	**played**	した、演奏した
want	ほしい	**wanted**	ほしかった
watch	見る	**watched**	見た
use	使う	**used**	使った
study	勉強する	**studied**	勉強した

● 形が変わるもの

元の形（原形）	意味	過去形	意味
have	持っている	**had**	持っていた
go	行く	**went**	行った
know	知る	**knew**	知っていた
teach	教える	**taught**	教えた

一般動詞の過去形とは…

❶ 過去の動作や状態を表す！
❷ 基本は一般動詞の最後に ed をつける形をとる！
❸ その他 d だけをつける場合や、y を i に変えて ed をつける場合、形が変わる場合もある！

41

未来表現 will/be going to 〜

わたしは〇〇するでしょう／つもりです。

I will play tennis tomorrow.

未来表現ってなに？

「(明日は) 晴れるでしょう」や「(来年) カナダに行くつもりです」
など未来のことを話すときに使うよ。

どんな形？

will＋動詞の元の形 (原形)、または be going to ＋動詞の元の形 (原
形) で表すんだ。

● この文を英語にしたい！

ステップ0

わたしは明日、テニスをするでしょう。

● 意味のまとまりで区切る！

ステップ1

わたしは ◈ 明日 ◈ テニスを ◈ するでしょう。

● 「意味順」ボックスに入れると、英語の順番になる！

ステップ2

だれが	する（です）	だれ・なに	どこ	いつ
わたしは	するでしょう	テニスを		明日

● 日本語を英語に置きかえれば、英文の完成！

ステップ3

だれが	する（です）	だれ・なに	どこ	いつ
わたしは	するでしょう	テニスを		明日
I	will play	tennis		tomorrow.

✔ ☐ わたしは ＝ I
　 ☐ するでしょう ＝ will play
　 ☐ テニス ＝ tennis
　 ☐ 明日 ＝ tomorrow

I will play tennis tomorrow.
わたしは明日、テニスをするでしょう。

	だれが	する（です）	だれ・なに	どこ	いつ
キホンの文 はこれ！	かのじょは	乗ります	自転車に		毎日
	She	rides	a bicycle		every day.

●この文を英語にしたい！

ステップ0

かのじょは今週末、自転車に乗るつもりです。

●意味のまとまりで区切る！

ステップ1

かのじょは ◈ 今週末 ◈ 自転車に ◈ 乗るつもりです。

●「意味順」ボックスに入れると、英語の順番になる！

ステップ2

だれが	する（です）	だれ・なに	どこ	いつ
かのじょは	乗るつもりです	自転車に		今週末

●日本語を英語に置きかえれば、英文の完成！

ステップ3

だれが	する（です）	だれ・なに	どこ	いつ
かのじょは	乗るつもりです	自転車に		今週末
She	is going to ride	a bicycle		this weekend.

✔ ☐ かのじょは = She
☐ 乗るつもりです = is going to ride
☐ 自転車 = a bicycle
☐ 今週末 = this weekend

She is going to ride a bicycle this weekend.
かのじょは今週末、自転車に乗るつもりです。

だれが	する（です）	だれ・なに	どこ	いつ
わたしは	行きます		イタリアに	
I	go		to Italy.	

●この文を英語にしたい！

ステップ0　わたしは来年イタリアに行くでしょう。

●意味のまとまりで区切る！

ステップ1　わたしは ❖ 来年 ❖ イタリアに ❖ 行くでしょう。

●「意味順」ボックスに入れると、英語の順番になる！

ステップ2

だれが	する（です）	だれ・なに	どこ	いつ
わたしは	行くでしょう		イタリアに	来年

●日本語を英語に置きかえれば、英文の完成！

ステップ3

だれが	する（です）	だれ・なに	どこ	いつ
わたしは	行くでしょう		イタリアに	来年
I	will go		to Italy	next year.

✔ ☐ わたしは ＝ I
　☐ 行くでしょう ＝ will go
　☐ イタリアに ＝ to Italy
　☐ 来年 ＝ next year

I will go to Italy next year.
わたしは来年イタリアに行くでしょう。

未来表現のまとめ

わたしは明日、テニスをするでしょう。

だれが	する（です）	だれ・なに	どこ	いつ
わたしは	するでしょう	テニスを		明日
I	will play	tennis		tomorrow.

かのじょは今週末、自転車に乗るつもりです。

だれが	する（です）	だれ・なに	どこ	いつ
かのじょは	乗るつもりです	自転車に		今週末
She	is going to ride	a bicycle		this weekend.

わたしは来年イタリアに行くでしょう。

だれが	する（です）	だれ・なに	どこ	いつ
わたしは	行くでしょう		イタリアに	来年
I	will go		to Italy	next year.

ここが たいせつ！

「〇〇するでしょう、〇〇するつもりだ」のように、未来の出来事を表す場合は、will や be going to を使うんだ。後ろには動詞の元の形（原形）を持ってくるよ。

だれが	する（です）	だれ・なに	どこ	いつ
勉強する（現在）	study	←		毎日 every day
勉強した（過去）	studied	←		昨日 yesterday
勉強するでしょう （未来）つもりです	will study be going to study	←		明日 tomorrow

だれが に関係なく、will も be going to も後ろは動詞の元の形（原形）を使うよ。

I will leave **here soon.**

（わたしはもうすぐここを立ち去るでしょう。）

They will come **to Japan next week.**

（かれらは来週、日本に来るでしょう。）

I am going to play **baseball tomorrow.**

（わたしは明日、野球をするつもりです。）

Kazuya is going to meet **his aunt next Saturday.**

（カズヤは次の土曜日におばに会うつもりです。）

未来表現とは…

❶ 「〜するでしょう、〜するつもりだ」の意味を持ち、未来のことを表す！

❷ will や be going to 〜の形をとる！

❸ will も be going to も後ろには動詞の元の形（原形）を使う！

時制のおさらい ❶

現在・過去・未来といった時間に関する動詞のルールのことを
時制というんだ。さあ、ここまで学んだ時制のおさらいをしよう！

be動詞

現在形 … am, is are（〜です）

I am a doctor.（わたしは医者です。）

It is rainy today.（今日は雨です。）

They are teachers now.（かれらは今、先生です。）

過去形 … was, were（〜でした）

I was a doctor 20 years ago.（わたしは20年前、医者でした。）

It was rainy yesterday.（昨日は雨でした。）

They were teachers last year.（かれらは去年、先生でした。）

未来表現 … will be , am/is/are + going to 〜
（〜になるでしょう / するつもりです）

I will be a doctor.（わたしは医者になるつもりです。）

It will be rainy tomorrow.（明日は雨になるでしょう。）

They are going to be teachers next year.
（かれらは来年先生になるでしょう。）

ここが
ポイント！

・be動詞は、現在／過去／未来によって形が変わる！

・ いつ も同じように変わる！

一般動詞

現在形 … 動詞の元の形（原形）のまま／「だれが」によって s や es をつける

I go to school.（わたしは学校に行きます。）

She studies English every day.（かのじょは毎日英語を勉強します。）

We watch TV every night.（わたしたちは毎ばんテレビを見ます。）

過去形 … 動詞のあとに d /ed / ied がつく／形が変わる

I went to school yesterday.（わたしは昨日、学校に行きました。）

She studied English last week.
（かのじょは先週、英語を勉強しました。）

We watched TV last night.（わたしたちは昨夜、テレビを見ました。）

未来表現 … will ＋ 動詞の元の形（原形）／ be going to 〜
（〜になるでしょう／するつもりです）

I am going to go to school tomorrow.
（わたしは明日、学校に行くでしょう。）

She will study English after dinner.
（かのじょは夕食後、英語を勉強するでしょう。）

We will watch TV this evening.
（わたしたちは今夜、テレビを見るでしょう。）

ここが ポイント！

・一般動詞は だれが によって形が変わる！

・現在形は、動詞の元の形（原形）、または s、es がつく。

・過去形は、動詞のあとに d /ed / ied がつくか、形が変わる。

・ いつ も同じように変わる！

現在進行形 be (am/is/are)＋動詞〜ing ダウンロード 08

わたしは今、〇〇しています。

現在進行形ってなに?

「(今) 〇〇しています」という意味だよ。

どんな形?

be動詞 (am/is/are) ＋ 動詞の元の形 (原形) 〜ing という形だよ。

●この文を英語にしたい！

ステップ0

わたしは今、本を読んでいます。

●意味のまとまりで区切る！

ステップ1

わたしは ◆ 今 ◆ 本を ◆ 読んでいます。

●「意味順」ボックスに入れると、英語の順番になる！

ステップ2

だれが	する（です）	だれ・なに	どこ	いつ
わたしは	読んでいます	本を		今

●日本語を英語に置きかえれば、英文の完成！

ステップ3

だれが	する（です）	だれ・なに	どこ	いつ
わたしは	読んでいます	本を		今
I	am reading	a book		now.

✔ ☐ わたしは ＝ I

☐ 読んでいる ＝ am reading（読む＝ read）

☐ 本 ＝ a book

☐ 今 ＝ now

I am reading a book now.
わたしは今、本を読んでいます。

	だれが	する（です）	だれ・なに	どこ	いつ
キホンの文 はこれ！	あなたは	書きます	手紙を		
	You	write	a letter.		

●この文を英語にしたい！

ステップ0　あなたは今、手紙を書いています。

●意味のまとまりで区切る！

ステップ1　あなたは ◆ 今 ◆ 手紙を ◆ 書いています。

●「意味順」ボックスに入れると、英語の順番になる！

	だれが	する（です）	だれ・なに	どこ	いつ
ステップ2	あなたは	書いています	手紙を		今

●日本語を英語に置きかえれば、英文の完成！

	だれが	する（です）	だれ・なに	どこ	いつ
ステップ3	あなたは	書いています	手紙を		今
	You	are writing	a letter		now.

write に ing がつくと、e が i になるよ！

✔ □ あなたは ＝ You　　□ 書いている ＝ are writing（書く＝ write）
　　□ 手紙 ＝ a letter　　□ 今 ＝ now

You are writing a letter now.
あなたは今、手紙を書いています。

	だれが	する（です）	だれ・なに	どこ	いつ
キホンの文 はこれ！	ピーターは	作ります	クッキーを	台所で	
	Peter	makes	cookies	in the kitchen.	

●この文を英語にしたい！

ステップ 0　　ピーターは今、台所でクッキーを作っています。

●意味のまとまりで区切る！

ステップ 1　ピーターは ❂ 今 ❂ 台所で ❂ クッキーを ❂ 作っています。

●「意味順」ボックスに入れると、英語の順番になる！

ステップ 2

だれが	する（です）	だれ・なに	どこ	いつ
ピーターは	作っています	クッキーを	台所で	今

●日本語を英語に置きかえれば、英文の完成！

ステップ 3

だれが	する（です）	だれ・なに	どこ	いつ
ピーターは	作っています	クッキーを	台所で	今
Peter	is making	cookies	in the kitchen	now.

✓ □ 作っている ＝ is making （作る＝ make）
　 □ クッキー ＝ cookies　　　　□ 台所で ＝ in the kitchen
　 □ 今 ＝ now

Peter is making cookies in the kitchen now.
ピーターは今、台所でクッキーを作っています。

現在進行形のまとめ

わたしは今、本を読んでいます。

だれが	する（です）	だれ・なに	どこ	いつ
わたしは	読んでいます	本を		今
I	am reading	a book		now.

あなたは今、手紙を書いています。

だれが	する（です）	だれ・なに	どこ	いつ
あなたは	書いています	手紙を		今
You	are writing	a letter		now.

ピーターは今、台所でクッキーを作っています。

だれが	する（です）	だれ・なに	どこ	いつ
ピーターは	作っています	クッキーを	台所で	今
Peter	is making	cookies	in the kitchen	now.

ここが たいせつ！

「今〜している」のように、今、動作が続いていることを表す表現を 現在進行形 というんだ！

現在進行形は、 する（です） にbe＋動詞〜ing 形を入れるのが基本だよ。be動詞は だれが によって変わるんだ。つまり、 だれが によって、am / is / are ＋ 〜ing となるよ。

●現在進行形のいろいろな文

I am studying English.（わたしは英語を勉強しています。）

You		（あなたは英語を勉強しています。）
We	are studying English.	（わたしたちは英語を勉強しています。）
They		（かれらは英語を勉強しています。）

She		（かのじょは英語を勉強しています。）
Kento	is studying English.	（ケントは英語を勉強しています。）
My aunt		（わたしのおばは英語を勉強しています。）

現在進行形とは…

❶ 「今〜しているところです」という意味を持ち、進行中の動作を表す！

❷ be+動詞〜 ing の形をとる！

過去進行形 かこ

(was/were) ＋動詞〜ing どうし

わたしは〇〇していました。

過去進行形ってなに?

「(そのとき) 〇〇していました」「〇〇しているところでした」という意味だよ。

どんな形?

be動詞の過去形（was/were）＋動詞の元の形（原形）〜ing という形だよ。

キホンの文 はこれ！	だれが	する（です）	だれ・なに	どこ	いつ
	わたしは	読みます	本を		
	I	read	a book.		

●この文を英語にしたい！

ステップ0
わたしはそのとき、本を読んでいました。

●意味のまとまりで区切る！

ステップ1
わたしは ● そのとき ● 本を ● 読んでいました。

●「意味順」ボックスに入れると、英語の順番になる！

ステップ2

だれが	する（です）	だれ・なに	どこ	いつ
わたしは	読んでいました	本を		そのとき

●日本語を英語に置きかえれば、英文の完成！

ステップ3

だれが	する（です）	だれ・なに	どこ	いつ
わたしは	読んでいました	本を		そのとき
I	was reading	a book		then.

✔ ☐ わたしは ＝ I
☐ 読んでいた ＝ was reading（読む＝ read）
☐ 本 ＝ a book
☐ そのとき ＝ then

I was reading a book then.
わたしはそのとき、本を読んでいました。

レッスン 06 過去進行形

	だれが	する（です）	だれ・なに	どこ	いつ
キホンの文 はこれ！	あなたは	書きます	手紙を		毎日
	You	write	a letter		every day.

●この文を英語にしたい！

ステップ0 あなたはそのとき、手紙を書いていました。

●意味のまとまりで区切る！

ステップ1 あなたは ❖ そのとき ❖ 手紙を ❖ 書いていました。

●「意味順」ボックスに入れると、英語の順番になる！

ステップ2

だれが	する（です）	だれ・なに	どこ	いつ
あなたは	書いていました	手紙を		そのとき

●日本語を英語に置きかえれば、英文の完成！

ステップ3

だれが	する（です）	だれ・なに	どこ	いつ
あなたは	書いていました	手紙を		そのとき
You	were writing	a letter		at that time.

✔ ☐ あなたは ＝ You

☐ 書いていた ＝ were writing（書く＝ write）

☐ 手紙 ＝ a letter

☐ そのとき ＝ at that time

You were writing a letter at that time.
あなたはそのとき、手紙を書いていました。

	だれが	する（です）	だれ・なに	どこ	いつ
キホンの文はこれ！	ケンは	見ます	テレビを	かれの部屋で	毎日
	Ken	watches	TV	in his room	every day.

●この文を英語にしたい！

ステップ0　ケンはそのとき、かれの部屋でテレビを見ていました。

●意味のまとまりで区切る！

ステップ1　ケンは ◆ そのとき ◆ かれの部屋で ◆ テレビを ◆ 見ていました。

●「意味順」ボックスに入れると、英語の順番になる！

ステップ2

だれが	する（です）	だれ・なに	どこ	いつ
ケンは	見ていました	テレビを	かれの部屋で	そのとき

●日本語を英語に置きかえれば、英文の完成！

ステップ3

だれが	する（です）	だれ・なに	どこ	いつ
ケンは	見ていました	テレビを	かれの部屋で	そのとき
Ken	was watching	TV	in his room	then.

✓ □ テレビを見ていた ＝ was watching TV（見る＝ watch）
　　□ かれの部屋で ＝ in his room
　　□ そのとき ＝ then

Ken was watching TV in his room then.
ケンはそのとき、かれの部屋でテレビを見ていました。

過去進行形のまとめ

わたしはそのとき、本を読んでいました。

だれが	する（です）	だれ・なに	どこ	いつ
わたしは	読んでいました	本を		そのとき
I	was reading	a book		then.

あなたはそのとき、手紙を書いていました。

だれが	する（です）	だれ・なに	どこ	いつ
あなたは	書いていました	手紙を		そのとき
You	were writing	a letter		at that time.

ケンはそのとき、かれの部屋でテレビを見ていました。

だれが	する（です）	だれ・なに	どこ	いつ
ケンは	見ていました	テレビを	かれの部屋で	そのとき
Ken	was watching	TV	in his room	then.

ここがたいせつ！

「そのとき～しているところでした／していました」のように、過去のある時点で、ちょうど動作をしていたことを表すものを 過去進行形 というんだ！

過去進行形は、 する（です） に過去形のbe＋動詞～ing を入れるのが基本だよ。be動詞は だれが によって変わるんだ。つまり、 だれが によって、was / were ＋ ～ing となるよ。

過去進行形のいろいろな文

I was studying **English.**（わたしは英語を勉強していました。）

Kento was playing **baseball.**（ケントは野球をしていました。）

My aunt was riding **a bicycle.**

（わたしのおばは、自転車に乗っていました。）

You were eating **cookies.**（あなたはクッキーを食べていました。）

We were making **dinner.**（わたしたちは夕食を作っていました。）

過去進行形とは…

❶ 「そのとき〜しているところでした／していました」の意味を持ち、過去にちょうど動作をしていたことを表す！

❷ 過去形のbe動詞＋動詞の元の形（原形）〜 ing の形で表す！

❸ be動詞は、 だれが によって was か were を判断する！

〇〇は／〇〇の／〇〇に／〇〇のもの

人／モノ	〜が、〜は	〜の	〜に、〜を	〜のもの
わたし	I	my	me	mine
あなた	you	your	you	yours
かれ	he	his	him	his
かのじょ	she	her	her	hers
それ	it	its	it	—
わたしたち	we	our	us	ours
かれら かのじょら それら	they	their	them	theirs

ちょうど〇〇したところです。

完了・結果

現在完了形ってなに？

現在完了形は現在の時点でしていることが終わったかどうかを表す
ときに使うよ。「もう〜したよ。」「まだ〜していないよ。」「ちょうど
〜したよ。」とさまざまな表現があるんだ。

どんな形？

か こ ぶんし
have (has) ＋過去分詞の形で表すよ。

●この文を英語にしたい！

ステップ0

わたしは宿題をちょうど終えたところです。

●意味のまとまりで区切る！

ステップ1

わたしは ◆ 宿題を ◆ ちょうど終えたところです。

●「意味順」ボックスに入れると、英語の順番になる！

ステップ2

だれが	する（です）	だれ・なに	どこ	いつ
わたしは	ちょうど終えたところです	宿題を		

●日本語を英語に置きかえれば、英文の完成！

ステップ3

だれが	する（です）	だれ・なに	どこ	いつ
わたしは	ちょうど終えたところです	宿題を		
I	have just finished	my homework.		

✔ ☐ わたしは ＝ I
　 ☐ ちょうど終えたところだ ＝ have just finished （終える＝ finish）
　 ☐ （わたしの）宿題 ＝ my homework

I have just finished my homework.
わたしは宿題をちょうど終えたところです。

finish「終える」の過去分詞は finished だ。
just は「ちょうど」の意味だよ。

現在完了形❷ 経験

○○したことがあります。

現在完了形の2つめの意味ってなに？

「○○したことがある」という意味があるよ。経験したことを話すときに使うんだ。

どんな形？

形は同じ！ have (has) ＋過去分詞で表すよ。これにプラスして、経験を話すときには「1度だけ」「2回」「3度」など回数を表すことばがつくよ。

●この文を英語にしたい！

ステップ0

あなたはかのじょを3回訪(たず)ねたことがあります。

●意味のまとまりで区切る！

ステップ1

あなたは ◆ かのじょを ◆ 3回 ◆ 訪ねたことがあります。

●「意味順」ボックスに入れると、英語の順番になる！

ステップ2

だれが	する（です）	だれ・なに	どこ	いつ
あなたは	訪ねたことがあります	かのじょを		3回

●日本語を英語に置きかえれば、英文の完成！

ステップ3

だれが	する（です）	だれ・なに	どこ	いつ
あなたは	訪ねたことがあります	かのじょを		3回
You	have visited	her		three times.

✔ ☐ あなたは ＝ You
☐ 訪ねたことがある ＝ have visited（訪ねる＝ visit）
☐ かのじょを ＝ her
☐ 3回 ＝ three times

You have visited her three times.

あなたはかのじょを3回訪ねたことがあります。

レッスン
07
現在完了形

ずっと〇〇です／しています。

 現在完了形の3つめの意味ってなに？

「ずっと〇〇している」という意味があるよ。現在完了形の 継続 と呼ぶんだ。過去から現在まで「ある状態がずっと続いていること」を表すよ。

 どんな形？

形は同じ！ have (has) ＋過去分詞で表すよ。ある期間を表すときには for 〜（〜の間）を使うよ。

●この文を英語にしたい！

ステップ0

かのじょは20年間、京都に住んでいます。

●意味のまとまりで区切る！

ステップ1

かのじょは ◆ 20年間 ◆ 京都に ◆ 住んでいます。

●「意味順」ボックスに入れると、英語の順番になる！

ステップ2

だれが	する（です）	だれ・なに	どこ	いつ
かのじょは	住んでいます		京都に	20年間

●日本語を英語に置きかえれば、英文の完成！

ステップ3

だれが	する（です）	だれ・なに	どこ	いつ
かのじょは	住んでいます		京都に	20年間
She	has lived		in Kyoto	for 20 years.

✔ ☐ かのじょは ＝ She
☐ 住んでいる ＝ has lived （住む＝ live）
☐ 京都に ＝ in Kyoto
☐ 20年間 ＝ for 20 years

She has lived in Kyoto for 20 years.
かのじょは20年間、京都に住んでいます。

かのじょ（She）は現在から見て、20年間
ずっと京都に住んでいるんだね。

レッスン **07** 現在完了形

現在完了形のまとめ

わたしは宿題をちょうど終えたところです。

だれが	する（です）	だれ・なに	どこ	いつ
わたしは	ちょうど終えたところです	宿題を		
I	have just finished	my homework.		

あなたはかのじょを３回訪ねたことがあります。

だれが	する（です）	だれ・なに	どこ	いつ
あなたは	訪ねたことがあります	かのじょを		３回
You	have visited	her		three times.

かのじょは20年間、京都に住んでいます。

だれが	する（です）	だれ・なに	どこ	いつ
かのじょは	住んでいます		京都に	20年間
She	has lived		in Kyoto	for 20 years.

過去から今の時点で完了しているかどうかを表すときに使う
表現のことを 現在完了形 というんだ。

have (has) ＋過去分詞で表すよ。

現在完了形は表したい場面によって３種類あるよ。

❶ 完了・結果 「～してしまった」や「～したところだ」
たとえば、「もう宿題は終わったの？」→「うん、もう終わっ
たよ。」とか「うん、ちょうど終えたところだよ。」と言うと
きに使うんだ。

already（もう、すでに）、just（ちょうど）と、よくいっしょ
に使われるよ。

❷ 経験 「(今までに) ～したことがある」
「今までにこの本を読んだことがあるの？」→「うん、３回読
んだよ。」とか「ううん、１度も読んだことがないよ。」と言
うときに使うんだ。

ever（かつて）、never（今までに１度もない）、～ times（～
回、～度）と、よくいっしょに使われるよ。

❸ 継続 「(今までずっと) ～である」
たとえば、「(これまで) どのくらい東京に住んでいるの？」
→「えーと、だいたい10年かな。」と言うときに使うんだ。

for ～（～の間）、since ～（～以来）と、よくいっしょに使
われるよ。

時制のおさらい ❷

ダウンロード 11

ここまで学んだ時制のおさらいをしよう！

進行形

現在進行形 … be動詞 + 動詞の元の形（原形）～ ing
（今、～しています）

I am studying English now.（わたしは今、英語を勉強しています。）

He is playing tennis now.（かれは今、テニスをしています。）

過去進行形 … be動詞の過去形（was/were）+ 動詞の元の形（原形）～ ing
（～していました）

I was studying English then.
（わたしはそのとき、英語を勉強していました。）

We were watching TV at that time.
（わたしたちはそのとき、テレビを見ていました。）

・時が変わると いつ もいっしょに変化するよ。

・「今～している」は、 いつ に now が入る！

・「そのとき～していた」は、 いつ に at that time や then
が入る！

完了形

現在完了形 … have(has) + 動詞の過去分詞

① （すでに／ちょうど）～しました。

I have already finished my homework.

（わたしはすでに、宿題を終えました。）

② （これまでに）～したことがあります。

He has been to Paris twice.

（かれはこれまで２回、パリに行ったことがあります。）

③ （今まで）ずっと～しています。

We have studied English for 2 years.

（わたしたちは２年間（ずっと）英語を勉強しています。）

これまで学んだ する（です） に入る動詞の変化を確認しよう。

d/ed/ied をつける過去形と過去分詞

原形（元の形）	現在形	過去形	過去分詞
play	play (plays)	played	played
like	like (likes)	liked	liked
study	study (studies)	studied	studied
watch	watch (watches)	watched	watched

形そのものが変わる動詞

原形（元の形）	現在形	過去形	過去分詞
be	am, is, are	was, were	been
go	go (goes)	went	gone
teach	teach (teaches)	taught	taught
write	write (writes)	wrote	written
have	have (has)	had	had

※現在形の（カッコ）内は、「だれが」が He, She, It のとき

08 助動詞❶ can, must, will, may ダウンロード 12

わたしは〇〇できます。

 助動詞ってなに?

「泳ぐことができる」や「宿題するぞ」「ゲームをしてもいい?」のように「〜する」(動詞)に意味をつけ足すものだよ。

 どんな形?

助動詞＋動詞の元の形(原形)をとるよ。

	だれが	する（です）	だれ・なに	どこ	いつ
キホンの文 はこれ！	わたしは	弾<ruby>弾<rt>ひ</rt></ruby>きます	バイオリンを		
	I	play	the violin.		

●この文を英語にしたい！

ステップ0

わたしはバイオリンを弾くことができます。

●意味のまとまりで区切る！

ステップ1

わたしは ● バイオリンを ● 弾くことができます。

●「意味順」ボックスに入れると、英語の順番になる！

ステップ2

だれが	する（です）	だれ・なに	どこ	いつ
わたしは	弾くことができます	バイオリンを		

●日本語を英語に置きかえれば、英文の完成！

ステップ3

だれが	する（です）	だれ・なに	どこ	いつ
わたしは	弾くことができます	バイオリンを		
I	can play	the violin.		

✔ ☐ わたしは ＝ I
☐ 弾くことができる ＝ can play
☐ バイオリン ＝ the violin

I can play the violin.
わたしはバイオリンを弾くことができます。

キホンの文 はこれ！	だれが	する（です）	だれ・なに	どこ	いつ
	あなたは	起きます			7 時に
	You	get up			at seven.

●この文を英語にしたい！

ステップ0

あなたは 7 時に起きなければなりません。

●意味のまとまりで区切る！

ステップ1

あなたは ◆ 7 時に ◆ 起きなければなりません。

●「意味順」ボックスに入れると、英語の順番になる！

ステップ2

だれが	する（です）	だれ・なに	どこ	いつ
あなたは	起きなければなりません			7 時に

●日本語を英語に置きかえれば、英文の完成！

ステップ3

だれが	する（です）	だれ・なに	どこ	いつ
あなたは	起きなければなりません			7 時に
You	must get up			at seven.

✔ ☐ あなたは ＝ You

☐ 起きる ＝ get up

☐ 7 時に ＝ at seven

☐ 〜しなければならない ＝ must

You must get up at seven.
あなたは 7 時に起きなければなりません。

	だれが	する（です）	だれ・なに	どこ	いつ
キホンの文 はこれ！	かのじょは	みがきます	歯を		昼食後
	She	brushes	her teeth		after lunch.

●この文を英語にしたい！

ステップ 0　　かのじょは昼食後、歯をみがくでしょう。

●意味のまとまりで区切る！

ステップ 1　　かのじょは ● 昼食後 ● (かのじょの) 歯を ● みがくでしょう。

※英語ではだれの歯をみがくかまで説明するよ。

●「意味順」ボックスに入れると、英語の順番になる！

ステップ 2

だれが	する（です）	だれ・なに	どこ	いつ
かのじょは	みがくでしょう	(かのじょの) 歯を		昼食後

●日本語を英語に置きかえれば、英文の完成！

ステップ 3

だれが	する（です）	だれ・なに	どこ	いつ
かのじょは	みがくでしょう	(かのじょの) 歯を		昼食後
She	will brush	her teeth		after lunch.

✔ ☐ かのじょは ＝ She
　☐ みがくでしょう ＝ will brush
　☐ (かのじょの) 歯を ＝ (her) teeth
　☐ 昼食後 ＝ after lunch

She will brush her teeth after lunch.
かのじょは昼食後、歯をみがくでしょう。

助動詞のまとめ

わたしはバイオリンを弾くことができます。

だれが	する（です）	だれ・なに	どこ	いつ
わたしは	弾くことができます	バイオリンを		
I	can play	the violin.		

あなたは７時に起きなければなりません。

だれが	する（です）	だれ・なに	どこ	いつ
あなたは	起きなければなりません			７時に
You	must get up			at seven.

かのじょは昼食後、歯をみがくでしょう。

だれが	する（です）	だれ・なに	どこ	いつ
かのじょは	みがくでしょう	歯を		昼食後
She	will brush	her teeth		after lunch.

ここが
たいせつ！

「〜するでしょう、〜するつもりだ」、「〜することが
できる」、「〜してもよい、〜するかもしれない」、
「〜しなければならない」のように、「する」に意味を
くわえるものを 助動詞 というんだ！

意味によってさまざまな助動詞があるよ。

意味	英語
～するでしょう、～するつもりです	will
～できる	can
～してもよい、～かもしれない	may
～しなければならない	must (have to)

だれが に関係なく、助動詞の後ろは、動詞の元の形（原形）を使うんだよ。

I will play soccer.

（わたしはサッカーをするでしょう。）

You can ski here.

（あなたはここでスキーをすることができます。）

You may play tennis here.

（あなたたちは、ここでテニスをしてもいいですよ。）

We must drive a car.

（わたしたちは車を運転しなければなりません。）

レッスン 08 助動詞

助動詞とは…

❶ can「～できる」、may「～してもよい」、must「～しなければならない」、will「～するでしょう、～するつもりです」などの意味がある！

❷ 助動詞の後ろには、動詞の元の形（原形）がくる！

09 受動態 じゅどうたい

be動詞＋動詞の過去分詞

ダウンロード
13

〜は〜されています。

投げられている

投げている

受動態ってなに？

「〜される」という意味を表すよ。受け身という呼びかたもするんだ。
たとえば「BはAに投げられた」というときに使うよ。

どんな形？

be動詞＋動詞の過去分詞という形をとるよ。過去分詞は、過去形と
同じ形をしたもの（playedやlived）や、形が変わるものがあるよ。

だれが	する（です）	だれ・なに	どこ	いつ
その生徒たちは	愛しています	その先生を		
The students	love	the teacher.		

「～する」の文
はこれだ！

● 「～される」の文を英語にしたい！

ステップ0

その先生は、その生徒たちに愛されています。

● 意味のまとまりで区切る！

ステップ1

その先生は ◆ その生徒たちに ◆ 愛されています。

● 「意味順」ボックスに入れると、英語の順番になる！

ステップ2

だれが	する（です）	だれ・なに	どこ	いつ
その先生は	愛されています	その生徒たちに		

● 日本語を英語に置きかえれば、英文の完成！

ステップ3

だれが	する（です）	だれ・なに	どこ	いつ
その先生は	愛されています	その生徒たちに		
The teacher	is loved	by the students.		

✔ ☐ その先生は ＝ The teacher
　 ☐ 愛されている ＝ is loved
　 ☐ その生徒たちに ＝ by the students

The teacher is loved by the students.
その先生は、その生徒たちに愛されています。

●この文を英語にしたい！

ステップ0

英語は、オーストラリアで話されています。

●意味のまとまりで区切る！

ステップ1

英語は ● オーストラリアで ● 話されています。

●「意味順」ボックスに入れると、英語の順番になる！

ステップ2

だれが	する（です）	だれ・なに	どこ	いつ
英語は	話されています		オーストラリアで	

●日本語を英語に置きかえれば、英文の完成！

ステップ3

だれが	する（です）	だれ・なに	どこ	いつ
英語は	話されています		オーストラリアで	
English	is spoken		in Australia.	

✓ □ 英語は ＝ English
　□ 話されている ＝ is spoken （話す＝ speak）
　□ オーストラリアで ＝ in Australia

English is spoken in Australia.

英語は、オーストラリアで話されています。

●この文を英語にしたい！

ステップ 0

この美術館は、かれによって建てられました。

●意味のまとまりで区切る！

ステップ 1

この美術館は ◈ かれによって ◈ 建てられました。

●「意味順」ボックスに入れると、英語の順番になる！

ステップ 2

だれが	する（です）	だれ・なに	どこ	いつ
この美術館は	建てられました	かれによって		

●日本語を英語に置きかえれば、英文の完成！

ステップ 3

だれが	する（です）	だれ・なに	どこ	いつ
この美術館は	建てられました	かれによって		
This museum	was built	by him.		

レッスン
09
受動態

✔ ☐ この美術館は ＝ This museum
☐ 建てられた ＝ was built（建てる＝ build の過去分詞）
☐ かれによって ＝ by him

This museum was built by him.

この美術館は、かれによって建てられました。

受動態のまとめ

その先生は、その生徒たちに愛されています。

だれが	する（です）	だれ・なに	どこ	いつ
その先生は	愛されています	その生徒たちに		
The teacher	is loved	by the students.		

英語は、オーストラリアで話されています。

だれが	する（です）	だれ・なに	どこ	いつ
英語は	話されています		オーストラリアで	
English	is spoken		in Australia.	

この美術館は、かれによって建てられました。

だれが	する（です）	だれ・なに	どこ	いつ
この美術館は	建てられました	かれによって		
This museum	was built	by him.		

「～される」の文は受動態と呼ぶんだったね。ちなみに、「〇〇は～する」の形の文は、「能動態」と呼ぶよ。

●受動態のつくりかた

だれが	する（です）	だれ・なに	どこ	いつ
エリカは	使います	このペンを		
Erika	uses	this pen.		

① だれが の中身を だれ・なに と変える

だれが	する（です）	だれ・なに	どこ	いつ
このペンは	使われます	エリカ		
This pen	is used	Erika.		

② する（です）→「される」と考える　③be動詞＋過去分詞で表す

レッスン 09 受動態

だれが	する（です）	だれ・なに	どこ	いつ
このペンは	使われます	エリカによって		
This pen	is used	by Erika.		

④ だれ・なに の「人」の前に by を入れて「〜に／〜によって」とする。完成！

受動態とは…

❶ 「〜される」という意味になる！

❷ be動詞＋過去分詞で表す！

❸ be動詞は だれが によって変わる。過去形にする場合は、be動詞を was
（または were）にする！

❹ 「○○に（よって）」と言う場合は by ＋人で表す！

～すること

like to play tennis

to不定詞ってなに？

いろんな意味を持つものなんだ。ここでは「～すること」という意味を学んでいくよ。

どんな形？

to + 動詞の元の形（原形）で表すよ。

●この文を英語にしたい！

ステップ0 わたしはテニスをすることが好きです。

●意味のまとまりで区切る！

ステップ1 わたしは ◆ テニスをすることが ◆ 好きです。

●「意味順」ボックスに入れると、英語の順番になる！

ステップ2

だれが	する（です）	だれ・なに	どこ	いつ
わたしは	好きです	テニスをすることが		

●日本語を英語に置きかえれば、英文の完成！

ステップ3

だれが	する（です）	だれ・なに	どこ	いつ
わたしは	好きです	テニスをすることが		
I	like	to play tennis.		

✔ ☐ わたしは ＝ I
　☐ 好きだ ＝ like
　☐ テニスをすること ＝ to play tennis

レッスン
10
to不定詞

I like to play tennis.
わたしはテニスをすることが好きです。

to play tennis で「テニスをするこ
と」という意味になるよ。to の後ろ
は動詞の元の形（原形）がきているね。

to不定詞❷ 　形容詞的用法
〜すべき○○、〜するための○○

I want something to drink.

to不定詞のほかの意味ってなに？

「〜すべき○○」「〜するための○○」という意味があるよ。「わたしはやるべき宿題がたくさんあります。」とかね。宿題やったかな？

どんな形？

to ＋ 動詞の元の形（原形）で表すよ。英語では、モノについて後ろからくわしい説明をつけ足すことがあるんだ。たとえば「何か飲みものがほしい」と言うとき。先に「何か」ということばを出しておいて、あとから「飲みもの（飲むためのもの）」と説明をくわえるんだ。

ステップ0

あなたは何か飲みものがほしいです。

●意味のまとまりで区切る！

ステップ1

あなたは ◈ 何か飲みものが ◈ ほしいです。

※飲みもの＝飲むためのものと同じ意味

●「意味順」ボックスに入れると、英語の順番になる！

ステップ2

だれが	する（です）	だれ・なに	どこ	いつ
あなたは	ほしいです	何か飲みものが		

●日本語を英語に置きかえれば、英文の完成！

ステップ3

だれが	する（です）	だれ・なに	どこ	いつ
あなたは	ほしいです	何か飲みものが		
You	want	something to drink.		

✔ ☐ あなたは ＝ You

☐ ほしい ＝ want

☐ 何か（あるもの）＝ something

☐ 飲むための＝ to drink

You want something to drink.
あなたは何か飲みものがほしいです。

レッスン**10** to不定詞

to不定詞❸ 副詞的用法
～するために

to不定詞ってほかにも意味があるの？

to + 動詞の元の形（原形）で「～するために」や「～して」の意味になるよ。たとえば「友だちに会うために東京へ行く」というように、「～するために」と言いたいときに使うよ。また、「あなたに会えてうれしい」と言うときのように、「～して」という意味もあるんだ。

どんな形？

to + 動詞の元の形（原形）で表すよ。形は同じでも意味が異なるから注意が必要だね。くわしく見ていこう！

●この文を英語にしたい！

わたしは、友だちに会うために、公園に行きました。

●意味のまとまりで区切る！

ステップ 1

わたしは ◈ 友だちに会うために ◈ 公園に ◈ 行きました。

●「意味順」ボックスに入れると、英語の順番になる！

ステップ 2

たまてばこ	だれが	する(です)	だれ・なに	どこ	いつ
	わたしは	行きました		公園に	
友だちに会うために					

●日本語を英語に置きかえれば、英文の完成！

ステップ 3

たまてばこ	だれが	する(です)	だれ・なに	どこ	いつ
	I	went		to the park	
to meet my friend.					

レッスン
10
to不定詞

✓ □ わたしは ＝ I
　 □ 行った ＝ went（行く＝ go）
　 □ 公園に ＝ to the park
　 □ わたしの友だちに会うために ＝ to meet my friend

I went to the park to meet my friend.

わたしは、友だちに会うために、公園に行きました。

to不定詞のまとめ

わたしはテニスをすることが好きです。

だれが	する（です）	だれ・なに	どこ	いつ
わたしは	好きです	テニスをすることが		
I	like	to play tennis.		

あなたは何か飲みものがほしいです。

だれが	する（です）	だれ・なに	どこ	いつ
あなたは	ほしいです	何か飲みものが		
You	want	something to drink.		

わたしは、友だちに会うために、公園に行きました。

たまてばこ	だれが	する（です）	だれ・なに	どこ	いつ
	I	went		to the park	
to meet my friend.					

**ここが
たいせつ！**

to ＋動詞の元の形（原形）を to不定詞 というんだ。

意味は３つあったね！

❶「～すること」の意味（名詞的用法）

I want to study English.

わたしは英語を勉強（することが）したいです。

❷「～するための〇〇」「～するべき〇〇」の意味
（形容詞的用法）

She has a lot of homework to do.

かのじょはするべき宿題がたくさんあります。

❸「～するために」「～して」の意味（副詞的用法）

I get up early to watch TV.

わたしはテレビを見るために早く起きます。

11 動名詞

○○すること

- ○ like playing tennis
- ○ like to play tennis

- ○ enjoy cooking
- ✕ enjoy to cook

 動名詞ってなに？

「○○すること」の意味になるものだよ。

 どんな形？

動詞の元の形（原形）に ing をつけたものだよ。

● この文を英語にしたい！

ステップ0

わたしはテニスをすることが好きです。

● 意味のまとまりで区切る！

ステップ1

わたしは ● テニスをすることが ● 好きです。

● 「意味順」ボックスに入れると、英語の順番になる！

ステップ2

だれが	する（です）	だれ・なに	どこ	いつ
わたしは	好きです	テニスをすることが		

● 日本語を英語に置きかえれば、英文の完成！

ステップ3

だれが	する（です）	だれ・なに	どこ	いつ
わたしは	好きです	テニスをすることが		
I	like	playing tennis.		

✓ ☐ わたしは ＝ I
　☐ 好きです ＝ like
　☐ テニスをすること ＝ playing tennis

I like playing tennis.
わたしはテニスをすることが好きです。

レッスン
11
動名詞

●この文を英語にしたい！

ステップ0
わたしのしゅみは、つりをすることです。

●意味のまとまりで区切る！

ステップ1
わたしのしゅみは ◆ つりをすること ◆ です。

●「意味順」ボックスに入れると、英語の順番になる！

ステップ2

だれが	する（です）	だれ・なに	どこ	いつ
わたしのしゅみは	です	つりをすること		

●日本語を英語に置きかえれば、英文の完成！

ステップ3

だれが	する（です）	だれ・なに	どこ	いつ
わたしのしゅみは	です	つりをすること		
My hobby	is	fishing.		

✓ ☐ わたしのしゅみは ＝ My hobby
☐ です ＝ is
☐ つりをすること ＝ fishing

My hobby is fishing.
わたしのしゅみは、つりをすることです。

be動詞＋動詞の現在進行形だから「～している」が思いうかぶよね。でも意味を考えてみると「わたしのしゅみはつりをしている」と、何だかわからない文になっちゃう。この場合は、意味で考えて「～すること」ととらえるんだ。

●この文を英語にしたい！

ステップ 0

英語を教えることは、かれの仕事です。

●意味のまとまりで区切る！

ステップ 1

英語を教えることは ● かれの仕事 ● です。

●「意味順」ボックスに入れると、英語の順番になる！

ステップ 2

だれが	する（です）	だれ・なに	どこ	いつ
英語を教えることは	です	かれの仕事		

●日本語を英語に置きかえれば、英文の完成！

ステップ 3

だれが	する（です）	だれ・なに	どこ	いつ
英語を教えることは	です	かれの仕事		
Teaching English	is	his job.		

✓ ☐ 英語を教えることが ＝ Teaching English

☐ です ＝ is

☐ かれの仕事 ＝ his job

Teaching English is his job.

英語を教えることは、かれの仕事です。

文の頭に Teaching English「英語を教えること」ときているね。**だれが** にも入るんだね！

レッスン **11** 動名詞

レッスン11 動名詞のまとめ

わたしはテニスをすることが好きです。

だれが	する（です）	だれ・なに	どこ	いつ
わたしは	好きです	テニスをすることが		
I	like	playing tennis.		

わたしのしゅみは、つりをすることです。

だれが	する（です）	だれ・なに	どこ	いつ
わたしのしゅみは	です	つりをすること		
My hobby	is	fishing.		

英語を教えることは、かれの仕事です。

だれが	する（です）	だれ・なに	どこ	いつ
英語を教えることは	です	かれの仕事		
Teaching English	is	his job.		

動名詞「〜すること」の意味で使いたいときは だれが か だれ・なに に入れるんだね。ちなみにそれはto不定詞も同じ！ ただし動名詞とto不定詞は使いかたにちがいがあるよ。

動詞の後ろに不定詞や動名詞を続けるとき、動詞によってはどちらか一方しか続けられない場合があるよ。相性があるんだね。確認しておこう！

どちらでもOK! … like（好き）、start（始める）

わたしはテニスをすることが好きです。

だれが	する（です）	だれ・なに	どこ	いつ
わたしは	好きです	テニスをすることが		
I	like	to play tennis. playing tennis.		

to不定詞のみOK! … want（ほしい）、hope（望んでいる）

わたしは来年、カナダに行くことを望んでいます。

だれが	する（です）	だれ・なに	どこ	いつ
わたしは	望んでいます	来年、カナダに行くことを		
I	hope	to go to Canada next year.		

動名詞のみOK! … enjoy（楽しむ）、finish（終わる）

わたしたちは料理をすることを楽しみます。

だれが	する（です）	だれ・なに	どこ	いつ
わたしたちは	楽しみます	料理をすることを		
We	enjoy	cooking.		

レッスン **11** 動名詞

to不定詞のおさらい

ダウンロード
16

不定詞のさまざまな使いかたのおさらいをしよう！

❶「○○すること」の意味で使われるとき

わたしはサッカーをすることが好きです。

だれが	する（です）	だれ・なに	どこ	いつ
わたしは	好きです	サッカーをすることが		
I	like	to play soccer.		

→ I like to play soccer.

だれ・なに に「サッカーをすることが」が入るよ！

❷「〜するための○○」の意味で使われるとき

かれは食べものがほしいです。

だれが	する（です）	だれ・なに	どこ	いつ
かれは	ほしいです	（なにか）食べ（ための）ものが		
He	wants	something to eat.		

→ He wants something to eat.

英語では先に説明するモノを置いて、後から「どんなもの」かを説明するよ。ここでは「なにか (something)」を先に出して、「(食べるためのもの (to eat)」と、後ろから something の説明をしているんだ。

❸「○○するために」の意味で使われるとき

エリはテストに合格（ごうかく）するために英語を勉強します。

たまてばこ	だれが	する（です）	だれ・なに	どこ	いつ
	Eri	studies	English		
to pass the test.					

→ Eri studies English to pass the test.

たまてばこ が登場しているね！どうしてかわかるかな？

「Eri studies English.（エリは英語を勉強します）」はすでに完成された文なんだ。

そこに、「〜するために」という理由の説明を足しているから、「たまてばこ」に入っているんだよ。

---

to不定詞とは…

❶ 「to ＋ 動詞（どうし）の元の形（原形）」の形をとる。

❷ 意味はおもに３つ！
　① 「〜すること」
　② 「〜すべき○○、〜するための○○」
　③ 「〜するために、〜して」

12 比較❶ 原級

〜と同じくらい(の)…です。

as heavy as

比較ってなに？

人やモノを比べて表すことだよ。まずは同じくらいのものを比べて「〜とおなじくらいの…だ」という表しかたを学ぼう。

どんな形？

as 比べるもの as を使って表すよ。 比べるもの には重さや長さなど、どんな状態かが入るよ。

ステップ 0　このネコはその３つのリンゴと同じくらいの重さです。

●意味のまとまりで区切る！

ステップ 1　このネコは ◆ その３つのリンゴ ◆ と ◆ 同じくらいの重さ ◆ です。

●「意味順」ボックスに入れると、英語の順番になる！

ステップ 2

たまてばこ	だれが	する(です)	だれ・なに	どこ	いつ
	このネコは	です	同じくらいの重さ		
と(比べて)	その３つのリンゴ				

●日本語を英語に置きかえれば、英文の完成！

ステップ 3

たまてばこ	だれが	する(です)	だれ・なに	どこ	いつ
	This cat	is	as heavy		
as	the three apples.				

✔ ☐ このネコは ＝ This cat
☐ です ＝ is
☐ 同じくらいの重さ ＝ as heavy
☐ と（くらべて）＝ as
☐ その３つのリンゴ ＝ the three apples

レッスン
12
比較

This cat is as heavy as the three apples.
このネコはその３つのリンゴと同じくらいの重さです。

比較❷ 比較級

～よりも…です。

taller

ほかにはどんな比較があるの？

「～よりも…です」という表しかたがあるよ。どちらか一方が、よりどんな状態かを表すよ。

どんな形？

基本的に だれ・なに ボックスに入るもの（形容詞や副詞）のことばのあとに er を足して than（よりも）をつけるんだ。たとえば、トムはニックよりも背が高いという文。だれ・なに に入るのは「背の高さ」だから、「高さ」のあとに er、ニックの前に than を入れるよ。

● この文を英語にしたい！

ステップ0　トムはニックよりも背が高いです。

● 意味のまとまりで区切る！

ステップ1　トムは ◆ ニック ◆ よりも ◆ 背が高い ◆ です。

● 「意味順」ボックスに入れると、英語の順番になる！　　　意味ボックスを2段使うよ。

ステップ2

たまてばこ	だれが	する(です)	だれ・なに	どこ	いつ
	トムは	です	背が高い		
〜よりも	ニック				

「たまてばこ」に「〜よりも」を入れよう。

● 日本語を英語に置きかえれば、英文の完成！

ステップ3

たまてばこ	だれが	する(です)	だれ・なに	どこ	いつ
	Tom	is	taller		
than	Nick.				

✔ □ です ＝ is
　 □ (〜より) 背が高い ＝ taller (高い＝ tall)
　 □ 〜よりも ＝ than

レッスン **12** 比較

Tom is taller than Nick.
トムはニックよりも背が高いです。

比較❸ 最上級

（〜の中で）一番…です。

smallest

ほかにも比較はあるの？

「（〜の中で）一番…です。」という表しかたがあるよ。

どんな形？

基本的には だれ・なに に入ることばの直前に the を置いて、ことばの最後に est をつけるよ。the tallest（一番高い）とかね。長いことばのときには er のかわりに most をつけて、ことばを変化させずに most famous と言ったりもするよ。

●この文を英語にしたい！

ステップ0

この魚は金魚ばちの中で一番小さいです。

●意味のまとまりで区切る！

ステップ1

この魚は ◉ 金魚ばちの中で ◉ 一番小さい ◉ です。

●「意味順」ボックスに入れると、英語の順番になる！

ステップ2

だれが	する(です)	だれ・なに	どこ	いつ
この魚は	です	一番小さい	金魚ばちの中で	

●日本語を英語に置きかえれば、英文の完成！

ステップ3

たまてばこ	だれが	する(です)	だれ・なに	どこ	いつ
	この魚は	です	一番小さい	金魚ばちの中で	
	This fish	is	the smallest	in the fishbowl.	

✓ □ この魚は ＝ This fish

□ です ＝ is

□ 一番小さい ＝ the smallest（小さい ＝ small）

□ 金魚ばちの中で ＝ in the fishbowl

レッスン **12** 比較

This fish is the smallest in the fishbowl.

この魚は金魚ばちの中で一番小さいです。

small「小さい」に est をつけて最上級にするよ。
the smallest で一番小さいという意味になるね。

比較のまとめ

このネコはその３つのリンゴと同じくらいの重さです。

たまてばこ	だれが	する（です）	だれ・なに	どこ	いつ
	This cat	is	as heavy		
as	the three apples.				

トムはニックよりも背が高いです。

たまてばこ	だれが	する（です）	だれ・なに	どこ	いつ
	Tom	is	taller		
than	Nick.				

この魚は金魚ばちの中で一番小さいです。

たまてばこ	だれが	する（です）	だれ・なに	どこ	いつ
	この魚は	です	一番小さい	金魚ばちの中で	
	This fish	is	the smallest	in the fishbowl.	

👆 **ここが
たいせつ！**

「～と同じくらい（の）…だ」「～よりも…だ」「（～の中で）一
番…だ」のように、「何かと何か」「だれかとだれか」をくらべる表しかたを 比較 というよ！

❶形容詞、副詞の原級は単語の元の形のことだ。as 原級 as
で「～と同じくらいの…だ」という意味になるよ。I am as
tall as Nancy.（わたしはナンシーと同じくらいの背の高さ
です。）のように使うんだ。

❷比較級は、形容詞、副詞の語尾に er をつけるんだ。そして
くらべる相手の前に than（～よりも）を入れるんだ。Tom
is younger than John.（トムはジョンよりも若いです。）の
ように使うよ。

❸最上級は、形容詞、副詞の語尾に est をつけるんだ。Aya
runs the fastest in her class.（アヤはクラスで一番走るの
が速いです。）のように使うんだ。

レッスン
12

比較

〇〇はどんな人？ 〇〇という人

I have a friend...

...She lives in London.

London   Hi!

▶ **関係代名詞ってなに？**

人やモノについての説明を後ろから足すときに使うよ。2つの文を
1つにつなぐ働きもあるんだ。

▶ **どんな形？**

まず who を使って文をつないでみよう。who には「〜という人」と、
人について説明を足す働きがあるんだ。たとえば「わたしには友だ
ちがいます。」と「その友だちはロンドンに住んでいます。」という
文をつなぐと「わたしには、ロンドンに住んでいる友だちがいます」
という文になるね。

●この文を英語にしたい！

ステップ0

わたしは、ロンドンに住んでいる友だちがいます。

※英語では「友だちがいる」は「友だちを持っている」という表し方をするよ。

●意味のまとまりで区切る！

ステップ1 わたしは ❀ ロンドンに ❀ 住んでいる ❀ 友だちを ❀ 持っています。

●「意味順」ボックスに入れると、英語の順番になる！

ステップ2

だれが	する（です）	だれ・なに	どこ	いつ
わたしは	持っています	友だちを		
（その人は）	住んでいる		ロンドンに	

●日本語を英語に置きかえれば、英文の完成！

ステップ3

だれが	する（です）	だれ・なに	どこ	いつ
I	have	a friend		
who	lives		in London.	

✓ ☐ わたしには ＝ I
　☐ 持っている ＝ have
　☐ 友だち ＝ a friend
　☐ 住んでいる ＝ lives
　☐ ロンドンに ＝ in London

I have a friend who lives in London.

わたしは、ロンドンに住んでいる友だちがいます。

関係代名詞❷ whom

その人に／を〇〇する

I know
the woman.

関係代名詞の whom ってなに？

whom も２つの文を１つにつなげて人について説明を足すよ。who とちがって、whom は だれ・なに に入ることばを説明するよ。

どんな形？

たとえば「わたしはその女性を知っています。」と「あなたはパーティーでかのじょに会いました。」という文があるとする。この２つの文をつなげられるんだ。関係代名詞の whom を使うよ。

● この文を英語にしたい！

ステップ0　わたしは、あなたがパーティーで会った女性を知っています。

● 意味のまとまりで区切る！

ステップ1　わたしは●あなたが●パーティーで●会った●女性を●知っています。

● 「意味順」ボックスに入れると、英語の順番になる！　　「意味順」ボックスは2段使うよ。

ステップ2

たまてばこ	だれが	する（です）	だれ・なに	どこ	いつ
	わたしは	知っています	その女性を		
（その人に）	あなたが	会った		パーティーで	

● 日本語を英語に置きかえれば、英文の完成！

ステップ3

たまてばこ	だれが	する（です）	だれ・なに	どこ	いつ
	I	know	the woman		
whom	you	met		at the party.	

✔　☐ わたしには ＝ I
　　☐ 知っている ＝ know
　　☐ その女性 ＝ the woman
　　☐ あなたが ＝ you
　　☐ 会った ＝ met（会う＝ meet）
　　☐ パーティーで ＝ at the party

I know the woman whom you met at the party.

わたしは、あなたがパーティーで会った女性を知っています。

レッスン
13
関係代名詞

関係代名詞❸ which

○○はどんなモノ？ ○○するモノ

to Sendai

関係代名詞の which ってなに？

「人」について説明する場合は who を使うんだったね。「モノ」について説明する場合は which を使うんだ。

どんな形なの？

たとえば「これはバスです。」と「このバスは仙台に行きます。」の文と文をつなぐとき、共通していることばは「バス」だね。このとき、2つ目の だれが に入る「バス」を関係代名詞 which にしてつなぐんだ。

●この文を英語にしたい！

ステップ0

これは仙台に行くバスです。

●意味のまとまりで区切る！

ステップ1

これは ❂ 仙台に ❂ 行く ❂ バス ❂ です。

●「意味順」ボックスに入れると、英語の順番になる！　　　「意味順」ボックスは2段使うよ。

ステップ2

だれが	する(です)	だれ・なに	どこ	いつ
これは	です	バス		
(それは)	行く		仙台に	

●日本語を英語に置きかえれば、英文の完成！

ステップ3

だれが	する(です)	だれ・なに	どこ	いつ
This	is	the bus		
which	goes		to Sendai.	

✔ ☐ これは ＝ This
　 ☐ です ＝ is
　 ☐ バス ＝ the bus
　 ☐ 行く ＝ goes（行く＝ go）
　 ☐ 仙台に ＝ to Sendai

レッスン
13
関係代名詞

This is the bus which goes to Sendai.
これは仙台に行くバスです。

関係代名詞④ which

かんけいだいめいし

そのモノに／を

> This is the jacket
> which I bought in NY.

関係代名詞 which のもう1つの使いかたってなに？

1つめは だれが が同じ「モノ」のとき、which でつなぐんだったね。もうひとつは だれ・なに について説明する使いかたがあるんだ。

どんな形？

たとえば「これはジャケットです。」という文と「わたしはそのジャケットをニューヨークで買いました。」という文をつなぐとき、関係代名詞の which を使うよ。このとき、2つの文で共通しているのは「ジャケット」だね。

ステップ 0

これは、わたしがニューヨークで買ったジャケットです。

●意味のまとまりで区切る！

ステップ 1

これは ❀ わたしが ❀ ニューヨークで ❀ 買った ❀ ジャケット ❀ です。

●「意味順」ボックスに入れると、英語の順番になる！　　「意味順」ボックスは2段使うよ。

ステップ 2

たまてばこ	だれが	する（です）	だれ・なに	どこ	いつ
	これは	です	ジャケット		
（それを）	わたしが	買った		ニューヨークで	

●日本語を英語に置きかえれば、英文の完成！

ステップ 3

たまてばこ	だれが	する（です）	だれ・なに	どこ	いつ
	This	is	the jacket		
which	I	bought		in New York.	

✔ ☐ これは ＝ This
　 ☐ です ＝ is
　 ☐ ジャケット ＝ the jacket
　 ☐ わたしが ＝ I
　 ☐ 買った ＝ bought（買う＝ buy）
　 ☐ ニューヨークで ＝ in New York

This is the jacket which I bought in New York.

これは、わたしがニューヨークで買ったジャケットです。

レッスン
13
関係代名詞

関係代名詞❺ whose
その人の○○／そのモノの○○

I have a friend whose mother is a pianist.

 関係代名詞の whose ってなに？

関係代名詞の whose は、 だれ・なに に入る「人」が持っている「人やモノ」について、説明するときに使うんだ。

 どんな形？

たとえば「わたしには友だちがいます（＝持っています）。」と「その友だちの母親はピアニストです。」という文をつなぐとき、関係代名詞の whose を使うよ。2つに共通しているのは「友だち」だね。whose は一語で「その友だちの（持っている）」という意味を表すんだ。

116

●この文を英語にしたい！

ステップ0

わたしには、母親がピアニストの友だちがいます。

①+② ①わたしには友だちがいます。
②その友だちの母親はピアニストです。

●意味のまとまりで区切る！

ステップ1

わたしには ◆ 母親が ◆ ピアニストの ◆ 友だちが ◆ います。

●「意味順」ボックスに入れると、英語の順番になる！

ステップ2

たまてばこ	だれが	する（です）	だれ・なに	どこ	いつ
	わたしには	います	友だちが		
	(その友だちの) 母親が	です	ピアニスト		

●日本語を英語に置きかえれば、英文の完成！

ステップ3

たまてばこ	だれが	する（です）	だれ・なに	どこ	いつ
	I	have	a friend		
	whose mother	is	a pianist.		

✔ ☐ わたしには ＝ I
☐ いる ＝ have
☐ 友だち ＝ a friend
☐ 母親 ＝ mother
☐ です ＝ is
☐ ピアニスト ＝ a pianist

レッスン
13
関係代名詞

I have a friend whose mother is a pianist.
わたしには、母親がピアニストの友だちがいます。

関係代名詞のまとめ
<small>かんけいだいめいし</small>

わたしは、ロンドンに住んでいる友だちがいます。

だれが	する（です）	だれ・なに	どこ	いつ
I	have	a friend		
who	lives		in London.	

I have a friend who lives in London.

わたしは、あなたがパーティーで会った女性を知っています。
<small>じょせい</small>

たまてばこ	だれが	する（です）	だれ・なに	どこ	いつ
	I	know	the woman		
whom	you	met		at the party.	

I know the woman whom you met at the party.

これは仙台に行くバスです。
<small>せんだい</small>

だれが	する（です）	だれ・なに	どこ	いつ
This	is	the bus		
which	goes		to Sendai.	

This is the bus which goes to Sendai.

これは、わたしがニューヨークで買ったジャケットです。

たまてばこ	だれが	する（です）	だれ・なに	どこ	いつ
	This	is	the jacket		
which	I	bought		in New York.	

This is the jacket which I bought in New York.

わたしには、母親がピアニストの友だちがいます。

たまてばこ	だれが	する（です）	だれ・なに	どこ	いつ
	I	have	a friend		
	whose mother	is	a pianist.		

I have a friend whose mother is a pianist.

👆 **ここが たいせつ！**

人やモノに説明を加えるために、後ろに文をつなげるときに、関係代名詞を使うよ。人について説明するときはふつう who や whom、モノについて説明するときはふつう which を使うんだ。who、whom、which の代わりに that を使うこともできるんだ。「〜の」のように、持っている人やモノを説明する場合は、whose を使うよ。

レッスン
13
関係代名詞

かんけいだいめいし 関係代名詞のおさらい

関係代名詞は2つの文をつないで1つの文にするんだったね。覚えているかな?
2つの文にするとき、どこを省いて、何について説明しているのかおさらいしておこう。

だれが にくることばを省いて説明するとき

Who … 「人」

① **I have a friend.** わたしは友だちがいます。

② **She (He) lives in Japan.**
　その友だち（＝かのじょ／かれ）は日本に住んでいます。

①+② **I have a friend who lives in Japan.**
　わたしには日本に住んでいる友だちがいます。

　　　2つめの文の だれが = She(/He) が省かれているね!

Which … 「モノ」

① **I have a camera.** わたしはカメラを持っています。

② **This camera is made in Italy.** このカメラはイタリアで作られました。

①+② **I have a camera which is made in Italy.**
　わたしはイタリアで作られたカメラを持っています。

　　　2つめの文の だれが = this camera が省かれているね!

だれ・なに にくることばを省いて説明するとき

Which … 「モノ」

① **This is the movie.** これは映画（えいが）です。

② **I watched the movie in her house.**
　わたしはその映画をかのじょの家で見ました。

①+② **This is the movie which I watched in her house.**
　これはわたしがかのじょの家で見た映画です。

　　　2つめの文の だれ・なに = the movie が省かれているね!

Whose … 「人（のもの）」

① I know the girl. わたしはその女の子を知っています。

② Her eyes are blue. かのじょの目は青いです。

①＋② I know the girl whose eyes are blue.

わたしは目の青いその少女を知っています。

2つめの文の だれ・なに ＝ her が省かれているね！

Whom … 「人（を）」

① I know the boy. わたしはその男の子を知っています。

② I saw him in the park. わたしはかれ（＝男の子）を公園で見ました。

①＋② I know the boy whom I saw in the park.

わたしは公園で見た男の子を知っています。

2つめの文の だれ・なに ＝ him が省かれているね！

だれが	する（です）	だれ・なに	どこ	いつ
I （わたしには）	have （います）	a friend who lives in Japan. （日本に住んでいる友だちが）		
I （わたしは）	have （持っています）	a camera which is made in Italy. （イタリアで作られたカメラを）		
This （これは）	is （です）	the movie which I watched in her house. （わたしがかのじょの家で見た映画）		
I （わたしは）	know （知っています）	the girl whose eyes are blue. （青い目の女の子を）		
I （わたしは）	know （知っています）	the boy whom I saw in the park. （わたしが公園で見た男の子を）		

〜している〇〇

分詞ってなに？

人やモノに説明を足すことばのことだよ。たとえば「テニスをしている男の子はニックです」と言いたいとき、 だれが に入るのは「テニスをしている男の子は」だよね。「男の子」ということばに「テニスをしている」と動作の説明を足しているね。この「〜している〇〇」というのを現在分詞というよ。

どんな形？

動詞の元の形（原形）に ing を足したものだよ。例文を見てみよう。

●この文を英語にしたい！

ステップ0

ギターを弾いている少年は、カズヤです。

●意味のまとまりで区切る！

ステップ1

ギターを ◆ 弾いている ◆ 少年は ◆ カズヤです。

●「意味順」ボックスに入れると、英語の順番になる！　　「意味順」ボックスを2段使うよ。

ステップ2

だれが	する（です）	だれ・なに	どこ	いつ
その少年は	です	カズヤ		
	弾いている	ギターを		

●日本語を英語に置きかえれば、英文の完成！

ステップ3

だれが	する（です）	だれ・なに	どこ	いつ
The boy	is	Kazuya.		
	playing	the guitar		

✔ ☐ その少年は ＝ The boy
☐ ギターを弾いている ＝ playing the guitar
☐ です ＝ is

レッスン
14
分詞

The boy playing the guitar is Kazuya.
ギターを弾いている少年は、カズヤです。

分詞（人やモノを説明する）❷　過去分詞

◯◯された〜モノ（や人）

My father has a car
made in Germany.

ほかにどんな分詞があるの？

「◯◯された」という意味の過去分詞があるよ。

どんな形？

過去分詞は一度受動態で学んだね。覚えているかな？（be＋過去分詞の形だったね！）過去分詞のみでは名詞を説明する役割があるよ。

●この文を英語にしたい！

ステップ**0** わたしの父はドイツ製の車を持っています。

= 「わたしの父はドイツでつくられた車を持っています。」と考えるよ。

●意味のまとまりで区切る！

ステップ**1** わたしの父は ◉ ドイツで ◉ つくられた車を ◉ 持っています。

●「意味順」ボックスに入れると、英語の順番になる！　　「意味順」ボックスを2段使うよ。

ステップ**2**

だれが	する（です）	だれ・なに	どこ	いつ
わたしの父は	持っています	車を		
	つくられた		ドイツで	

●日本語を英語に置きかえれば、英文の完成！

ステップ**3**

だれが	する（です）	だれ・なに	どこ	いつ
My father	has	a car		
	made		in Germany.	

- ✔ ☐ わたしの父は ＝ My father
- ☐ 持っている ＝ has
- ☐ 車 ＝ a car
- ☐ つくられた ＝ made（つくる＝ make）
- ☐ ドイツで ＝ in Germany

My father has a car made in Germany.

わたしの父はドイツ製の車を持っています。

レッスン **14** 分詞

分詞（人やモノをかざる）のまとめ

ギターを弾いている少年は、カズヤです。

だれが	する（です）	だれ・なに	どこ	いつ
The boy	is	Kazuya.		
	playing	the guitar		

The boy playing the guitar is Kazuya.

わたしの父はドイツ製の車を持っています。

だれが	する（です）	だれ・なに	どこ	いつ
My father	has	a car		
	made		in Germany.	

My father has a car made in Germany.

「〜している」の意味になる、動詞の〜 ing 形を 現在分詞 と
いうよ。

「〜された」の意味になる動詞に -ed をつけた形は 過去分詞
だね。これらを使って名詞をかざることができるんだ。

127

○○ということを〜

I think...

that

She is a college student.

接続詞ってなに？

接続詞とは、ことばとことば、文と文をつなぐ役割があるんだ。たとえば「わたしは思います」と、「かのじょは大学生だ」という2つの文をつないでみよう。

どんな形？

2つの文をつなぐと「わたしは、かのじょは大学生だと思います。」という文ができるね。that を使って「○○ということを〜」とつなげるんだ。

●この文を英語にしたい！

ステップ**0**

わたしは、かのじょは大学生だと思います。

●文を２つに分ける！

ステップ**1**

わたしは ◈ 思います ◈ かのじょは ◈ 大学生 ◈ です。

●「意味順」ボックスに入れると、英語の順番になる！　　「意味順」ボックスを２段使うよ。

ステップ**2**

たまてばこ	だれが	する(です)	だれ・なに	どこ	いつ
	わたしは	思います			
(~ということを)	かのじょは	です	大学生		

●日本語を英語に置きかえれば、英文の完成！

ステップ**3**

たまてばこ	だれが	する(です)	だれ・なに	どこ	いつ
	I	think			
that	she	is	a college student.		

✔ ☐ わたしは ＝ I
☐ 思う ＝ think
☐ かのじょが ＝ she
☐ です ＝ is
☐ 大学生 ＝ a college student

I think that she is a college student.
わたしは、かのじょは大学生だと思います。

レッスン
15
接続詞

接続詞❷ when

せつぞくし

○○するとき…〜する(です)。

When you are busy,
I will help you.

接続詞の when ってなに？

when は「〜するとき」という意味があるよ。「○○するとき…する(です)」という形で２つの文をつなげることができるんだ。

どんな形なの？

When you are busy, I will help you. （あなたがいそがしいとき、わたしはあなたを手伝うでしょう。）というつなぎかたをするよ。くわしく見ていこう。

●この文を英語にしたい！

ステップ 0　あなたがいそがしいとき、わたしはあなたを手伝うでしょう。

●意味のまとまりで区切る！

ステップ 1　あなたが◆いそがしい◆とき◆わたしは◆あなたを◆手伝うでしょう。

●「意味順」ボックスに入れると、英語の順番になる！　　「意味順」ボックスを2段使うよ。

ステップ 2

たまてばこ	だれが	する（です）	だれ・なに	どこ	いつ
〜とき	あなたが	です	いそがしい		
	わたしは	手伝うでしょう	あなたを		

●日本語を英語に置きかえれば、英文の完成！

ステップ 3

たまてばこ	だれが	する（です）	だれ・なに	どこ	いつ
When	you	are	busy,		
	I	will help	you.		

✓ □ 〜とき ＝ When
　 □ あなたが ＝ you
　 □ です ＝ are
　 □ いそがしい ＝ busy
　 □ わたしは ＝ I
　 □ 手伝うでしょう ＝ will help
　 □ あなたを ＝ you

When you are busy, I will help you.

あなたがいそがしいとき、わたしはあなたを手伝うでしょう。

接続詞のまとめ

わたしは、かのじょは大学生だと思います。

たまてばこ	だれが	する（です）	だれ・なに	どこ	いつ
	I	think			
that	she	is	a college student.		

あなたがいそがしいとき、わたしはあなたを手伝うでしょう。

たまてばこ	だれが	する（です）	だれ・なに	どこ	いつ
When	you	are	busy,		
	I	will help	you.		

**ここが
たいせつ！**

文と文をつなぐ役割を 接続詞 というんだ。

その他にも便利な接続詞がたくさんあるよ。いろいろな接続詞の使いかたを覚えておこう。

● **because**「（なぜなら）〜ので」

Because she was sick, she did not go to school yesterday.

（病気だったので、かのじょは昨日、学校に行きませんでした。）

● **if**「もし〜なら」

If it is fine tomorrow, we will go to the zoo.

（もし明日晴れなら、わたしたちは動物園に行くでしょう。）

Part 2

中学英文法レッスン

── さまざまな文 ──

ここでは、〜しないの文（否定文）、しつもんの文（疑問文）、さまざまな文を勉強するよ！

「○○しない／○○ではない」の文（否定文）ってどうなってるの?

否定文とは、「○○は○○しない／しなかった」
「○○は○○でない／でなかった」という意味を表す文のことだよ。

だれが	する（です）	だれ・なに	どこ	いつ

否定を表すnotはココに入るよ！

レッスン16（be動詞）
レッスン17（一般動詞）
レッスン18（助動詞）
レッスン18（受け身）
レッスン18（現在進行形）
レッスン18（過去進行形）
レッスン18（現在完了形）

「です」の文　　be動詞の後ろに not を入れる

わたしは先生ではありません。

だれが	する（です）	だれ・なに	どこ	いつ
わたしは	ではありません	先生		
I	am not	a teacher.		

「する」の文　do/does、did と not を使う

あなたはテニスをしません。

だれが	する（です）	だれ・なに	どこ	いつ
あなたは	しません	テニスを		
You	do not play	tennis.		

あなたはテニスをしませんでした。

だれが	する（です）	だれ・なに	どこ	いつ
あなたは	しませんでした	テニスを		
You	did not play	tennis.		

I read a book every day!
I am not reading a book now.

16 be動詞❷ ○○ではない／○○しないの文（否定文）

わたしは○○ではありません。

I am not a ninja.

be動詞の「○○ではない／しない」の文（否定文）ってなに？

be動詞の後ろに not をつけると「○○ではない」という意味になるんだ！

どんな形？

be動詞の否定文をつくりたいときは、am, is, are の後ろに not をつけるんだ。つまり、am not, is not, are not となるね。
is not は isn't, are not は aren't と略すことができるよ。

だれが	する（です）	だれ・なに	どこ	いつ
わたしは	です	忍者		
I	am	a ninja.		

●この文を英語にしたい！

ステップ0

わたしは忍者ではありません。

●意味のまとまりで区切る！

ステップ1

わたしは ◆ 忍者 ◆ ではありません。

●「意味順」ボックスに入れると、英語の順番になる！

ステップ2

だれが	する（です）	だれ・なに	どこ	いつ
わたしは	ではありません	忍者		

●日本語を英語に置きかえれば、英文の完成！

ステップ3

だれが	する（です）	だれ・なに	どこ	いつ
わたしは	ではありません	忍者		
I	am not	a ninja.		

I am not は、I'm not と短縮することができるよ。

I am not a ninja.

わたしは忍者ではありません。

一般動詞② 〇〇ではない／〇〇しないの文（否定文）

ダウンロード
23

わたしは〇〇しません。

I don't play
the violin.

 一般動詞の「〜しない」の文（否定文）ってなに？

be動詞以外の一般動詞の前に、do not/does not (don't/doesn't)
を入れると、「〜しない」の意味になるよ。

 どんな形？

do not / does not ＋動詞の元の形（原形）の形になるよ。do
not (don't) か does not (doesn't) になるかは だれが によるよ。
確認しよう。

	だれが	する（です）	だれ・なに	どこ	いつ
キホンの文 はこれ！	わたしは	演奏します	バイオリンを		
	I	play	the violin.		

●この文を英語にしたい！

ステップ0
> わたしはバイオリンを演奏^{えんそう}しません。

●意味のまとまりで区切る！

ステップ1
> わたしは ◆ バイオリンを ◆ 演奏しません。

●「意味順」ボックスに入れると、英語の順番になる！

ステップ2

だれが	する（です）	だれ・なに	どこ	いつ
わたしは	演奏しません	バイオリンを		

●日本語を英語に置きかえれば、英文の完成！

ステップ3

だれが	する（です）	だれ・なに	どこ	いつ
わたしは	演奏しません	バイオリンを		
I	do not play	the violin.		

> do not は don't と短縮することが多いよ。

I do not play the violin.
わたしはバイオリンを演奏しません。

● 過去形のときは…

過去の場合は だれが に関係なく did not (didn't) ＋動詞の元の形（原形）の形だよ。

その他の否定文 〇〇ではない／〇〇しないの文（否定文）

わたしは〜ません。

その他の否定文はどうなの？

not の位置に注目してそれぞれ見ていこう。

● can の否定文

	だれが	する（です）	だれ・なに	どこ	いつ
否定文 は これ！	かれは	弾くことができません	ギターを		
	He	cannot play	the guitar.		

He cannot play the guitar.
かれはギターを弾くことができません。

● 受け身の否定文

	だれが	する（です）	だれ・なに	どこ	いつ
否定文 は これ！	この部屋は	使われませんでした			昨日
	This room	was not used			yesterday.

This room was not used yesterday.
この部屋は昨日使われませんでした。

□ この部屋は ＝ This room
□ 使われた ＝ used（使う＝ use）

● 現在進行形の否定文

否定文 はこれ！	だれが	する（です）	だれ・なに	どこ	いつ
	かのじょは	書いていません	手紙を		今
	She	is not writing	a letter		now.

She is not writing a letter now.
かのじょは今、手紙を書いていません。

● 過去進行形の否定文

否定文 はこれ！	だれが	する（です）	だれ・なに	どこ	いつ
	ケンは	見ていませんでした	テレビを		そのとき
	Ken	was not watching	TV		then.

Ken was not watching TV then.
ケンはそのときテレビを見ていませんでした。

● 現在完了形の否定文

否定文 はこれ！	だれが	する（です）	だれ・なに	どこ	いつ
	かのじょは	終えていません	かのじょの宿題を		まだ
	She	has not finished	her homework		yet.

※ yet= まだ

She has not finished her homework yet.
かのじょはまだ宿題を終えていません。

> be動詞の否定文は be 動詞のあとに not を置いているね。
> 助動詞の否定文（can や have/has）は、助動詞のあとに not を置くんだね。

しつもんの文（疑問文）ってどうなってるの？

疑問文とは、相手に質問やお願いをするときに使う文のことだよ。文の最後にはクエスチョンマーク「？」がつくよ。

たまてばこ	だれが	する（です）	だれ・なに	どこ	いつ

> **人に質問する、お願いする、答える**
> Are, Is / Do, Does / Did, Will, Can / Yes, No / What など

● 「たまてばこ」登場！

疑問文や、その答えをつくるときには、 たまてばこ を使おう。たまてばこの中には、相手に質問することば（Are, Is, What など）やそれに答えることば（Yes, No）、お願いすることば（Can, Will）などが入るよ。

142

「です」 の文　be動詞を文頭に置く

アヤは学生ですか？

たまてばこ	だれが	する（です）	だれ・なに	どこ	いつ
ですか？	アヤは		学生		
Is	Aya		a student?		

はい、かのじょは学生です。

たまてばこ	だれが	する（です）	だれ・なに	どこ	いつ
Yes,	she	is.			

いいえ、かのじょは学生ではありません。

たまてばこ	だれが	する（です）	だれ・なに	どこ	いつ
No,	she	is not.			

「する」 の文　Do / Does / Did を使う

あなたはテニスをしますか？

たまてばこ	だれが	する（です）	だれ・なに	どこ	いつ
しますか？	あなたは	する	テニスを		
Do	you	play	tennis?		

はい、わたしはします。

たまてばこ	だれが	する（です）	だれ・なに	どこ	いつ
Yes,	I	do.			

いいえ、わたしはしません。

たまてばこ	だれが	する（です）	だれ・なに	どこ	いつ
No,	I	do not.			

● Who や What などを使った疑問文

「だれ？」「なに？」「どこ？」「いつ？」などを聞きたいときには、Wh ではじまる単語を使って質問するよ。Wh ではじまる単語には、つぎのようなものがあるよ。

Who「だれ？」

Who is that man?（その男性はだれですか？）

He is Tatsuya.（かれはタツヤです。）

What「なに？」

What is your name?（あなたの名前は何ですか？）

My name is Aya.（わたしの名前はアヤです。）

Where「どこ？」

Where is the station?（駅はどこですか？）

It is far from here.（ここから遠いですよ。）

When「いつ？」

When is your birthday?（あなたの誕生日はいつですか？）

My birthday is October 4.（わたしの誕生日は10月4日です。）

その男性はだれですか？

❶ whを使って意味順ボックスに英単語をならべる

たまてばこ	だれが	する（です）	だれ・なに	どこ	いつ
	その男性は	です	だれ		
	That man	is	who		

❷ 疑問文をつくる

たまてばこ	だれが	する（です）	だれ・なに	どこ	いつ
ですか？	その男性は		だれ		
Is	that man		who?		

❸ whを先頭に持ってくる

たまてばこ	だれが	する（です）	だれ・なに	どこ	いつ
だれですか？	その男性は		←先頭に		
Who is	that man?				

かのじょはどこに住んでいますか？

❶ whを使って意味順ボックスに英単語をならべる

たまてばこ	だれが	する（です）	だれ・なに	どこ	いつ
	かのじょは	住む		どこに	
	She	lives		where	

❷ 疑問文をつくる

たまてばこ	だれが	する（です）	だれ・なに	どこ	いつ
しますか？	かのじょは	住む		どこに	
Does	she	live		where?	

❸ whを先頭に持ってくる

たまてばこ	だれが	する（です）	だれ・なに	どこ	いつ
どこに〜しますか？	かのじょは	住む		←先頭に	
Where does	she	live?			

あなたは〇〇ですか？

 be動詞の疑問文ってどうやって作るの？

だれが の前にbe動詞を置いて、文の終わりにクエスチョンマーク「？」をつけるよ。次の文を見てみよう。

146

この文を英語にしたい！　| あなたは学生ですか？ |

だれが の前に する 持ってきて、文の終わりに「？」をつけて疑問文が完成！

あなたは学生ですか？　Are you a student?

たまてばこ	だれが	する（です）	だれ・なに	どこ	いつ
ですか？	あなたは		学生		
Are	you	(are)	a student?		

答えかた

はい、（わたしは）そうです。

たまてばこ	だれが	する（です）	だれ・なに	どこ	いつ
Yes,	I	am.			

いいえ、（わたしは）ちがいます。

たまてばこ	だれが	する（です）	だれ・なに	どこ	いつ
No,	I	am not.			

I am not. は I'm not. と短くできるよ。

be動詞の過去形の疑問文も同じように作れるよ。

● 過去形のとき

かれは幸せでしたか？　Was he happy?

たまてばこ	だれが	する（です）	だれ・なに	どこ	いつ
でしたか？	かれは		幸せ		
Was	he	(was)	happy?		

答えかた

はい、かれは幸せでした。　Yes, he was.

いいえ、幸せではありませんでした。　No, he was not.（=wasn't と短くできる）

一般動詞❸ いっぱんどうし

しつもんの文（疑問文）ぎもん

あなたは〜ますか？

一般動詞の疑問文ってどうやって作るの？

はじめに Do または Does を、おわりに「？」を置くよ。 だれが の中身が you や we のときは Do を使おう。he、she、it のときは Does を使うんだ。

この文を英語にしたい！ あなたは横浜に住んでいますか？ よこはま

だれが の前に Do、文の終わりに「？」をつけて疑問文が完成！
あなたは横浜に住んでいますか？ **Do you live in Yokohama?**

たまてばこ	だれが	する（です）	だれ・なに	どこ	いつ
しますか？	あなたは	住んでいる	横浜に		
Do	you	live	in Yokohama?		

疑問文では動詞は原形にもどすよ！

答えかた

はい、わたしは住んでいます。 Yes, I do.

たまてばこ	だれが	する（です）	だれ・なに	どこ	いつ
Yes,	I	do.			

いいえ、わたしは住んでいません。 No, I do not. (=don't.)

たまてばこ	だれが	する（です）	だれ・なに	どこ	いつ
No,	I	do not.			

do not=don't と短くできる！

● Does のとき

この文を英語にしたい！　　かのじょは英語が好きですか？

だれが の前に Does、文の終わりに「？」をつけて疑問文が完成！

かのじょは英語が好きですか？　**Does she like English?**

たまてばこ	だれが	する（です）	だれ・なに	どこ	いつ
ですか？	かのじょは	好き	英語が		
Does	she	like	English?		

疑問文では動詞は原形にもどすよ！

答えかた

はい、かのじょは好きです。　Yes, she does.

たまてばこ	だれが	する（です）	だれ・なに	どこ	いつ
Yes,	she	does.			

いいえ、かのじょは好きではありません。　No, she does not. (=doesn't)

たまてばこ	だれが	する（です）	だれ・なに	どこ	いつ
No,	she	does not.			

does not= doesn't と短くできる！

● 過去形のとき

この文を英語にしたい！　　かれらは昨日、サッカーをしましたか？

だれが の前に Did、文の終わりに「？」をつけて疑問文が完成！

かれらは昨日、サッカーをしましたか？　**Did they play soccer yesterday?**

たまてばこ	だれが	する（です）	だれ・なに	どこ	いつ
しましたか？	かれらは	する	サッカーを		昨日
Did	they	play	soccer		yesterday?

疑問文では動詞は原形にもどすよ！

答えかた

はい、かれらはしました。　Yes, they did.
いいえ、かれらはしていません。　No, they did not. (=didn't)

助動詞❷ しつもんの文（疑問文）

あなたは〜できますか？／〜しましたか？

助動詞の疑問文はどう作るの？

助動詞を たまてばこ に入れて、最後に「？」を置くよ。
ここでは２つの助動詞で文を作ってみよう。

● **Can のとき**

can は「○○できます」という意味があったね。覚えているかな？
can の疑問文は、「○○できますか？」という意味になるよ。

この文を英語にしたい！ あなたはバイオリンを弾くことができますか？

たまてばこ に Can、文の終わりに「？」をつけて疑問文が完成！
あなたはバイオリンを弾くことができますか？ **Can you play the violin?**

たまてばこ	だれが	する（です）	だれ・なに	どこ	いつ
できますか？	あなたは	弾く	バイオリンを		
Can	you	play	the violin?		

答えかた

はい、わたしはできます。 Yes, I can.

たまてばこ	だれが	する（です）	だれ・なに	どこ	いつ
Yes,	I	can.			

いいえ、わたしはできません。 No, I cannot.

たまてばこ	だれが	する（です）	だれ・なに	どこ	いつ
No,	I	cannot.			

cannot = can't.

● 助動詞 have（現在完了形）のとき

助動詞 have は、have+ 過去分詞の形で「（ちょうど）〜しました。」の意味になると学んだね。疑問文では、「（もう）〜しましたか？」の意味になるんだ。さっそく作ってみよう。

この文を英語にしたい！　あなたはもう宿題を終えましたか？

だれが の前に Have、文の終わりに「？」をつけて疑問文が完成！
あなたはもう宿題を終えましたか？　Have you finished your homework yet?

たまてばこ	だれが	する（です）	だれ・なに	どこ	いつ
しましたか？	あなたは	終える	宿題を		もう
Have	you	finished	your homework		yet?

yet は「もう / すでに」の意味で疑問文に使われるよ。

答えかた

はい、わたしはしました。　Yes, I have.

たまてばこ	だれが	する（です）	だれ・なに	どこ	いつ
Yes,	I	have.			

いいえ、わたしはしていません。　No, I have not.

たまてばこ	だれが	する（です）	だれ・なに	どこ	いつ
No,	I	have not.			

have not = haven't

現在完了形の just と yet とは…
❶ already…「もう〜してしまいました」、just…「ちょうど〜しました」の意味。
❷ yet…　疑問文では「もう／すでに」の意味。否定文では「まだ…していません」の意味で使われるよ。

疑問詞❶ What しつもんの文（疑問文） ダウンロード 28

なにを～か？

What の疑問文はどう作るの？

What ＋疑問文の形で「なにを～か？」の意味を持つよ。まずはbe動詞が続く場合を見てみよう。

この文を英語にしたい！ ケイトは今なにをしていますか？

What を疑問文の前に入れて、なにをしているのか聞こう！

ケイトは今、なにをしていますか？ What is Kate doing now?

たまてばこ	だれが	する（です）	だれ・なに	どこ	いつ
なにを～ですか？	ケイトは	している			今
What is	Kate	doing			now?

答えかた

かのじょは台所で料理をしています。 She is cooking in the kitchen.

たまてばこ	だれが	する（です）	だれ・なに	どこ	いつ
	かのじょは	料理をしています		台所で	
	She	is cooking		in the kitchen.	

Kate は女の人によくある名前なので、「かのじょは（She）」で答えるよ。

次に一般動詞（do/does）が続く場合を見てみよう！

この文を英語にしたい！ あなたは月曜日、なにを勉強しますか？

まずは疑問文を作ろう！

あなたは月曜日、勉強しますか？（「なにを」がない疑問文）

たまてばこ	だれが	する（です）	だれ・なに	どこ	いつ
しますか？	あなたは	勉強する			月曜日
Do	you	study			on Mondays?

レッスン **22** 疑問詞①(what)

What を疑問文の前に入れて「なに」を勉強したか聞こう！

あなたは月曜日なにを勉強しますか？ What do you study on Mondays?

たまてばこ	だれが	する（です）	だれ・なに	どこ	いつ
なにを〜しますか？	あなたは	勉強する			月曜日
What do	you	study			on Mondays?

☐ 月曜日 = on Mondays

答えかた

わたしは英語とスペイン語を勉強します。 I study English and Spanish.

たまてばこ	だれが	する（です）	だれ・なに	どこ	いつ
	わたしは	勉強します	英語とスペイン語を		
	I	study	English and Spanish.		

☐ スペイン語 = Spanish

疑問詞❷ Where, When しつもんの文（疑問文）

どこで（に）〜か？／いつ〜か？

Where の疑問文ってどう作るの？

Where は「どこ」の意味を持つことばだよ。What といっしょで
Where ＋疑問文の形をとるんだ。いっしょに作ってみよう！

この文を英語にしたい！　　かれは、どこに住んでいますか？

まずは疑問文を作ろう！

たまてばこ	だれが	する（です）	だれ・なに	どこ	いつ
しますか？	かれは	住んでいる			
Does	he	live?			

Where で文をはじめて、「どこに」住んでいるのか聞こう！

かれは、どこに住んでいますか？　Where does he live?

たまてばこ	だれが	する（です）	だれ・なに	どこ	いつ
どこにしますか？	かれは	住んでいる			
Where does	he	live?			

答えかた

かれは、札幌に住んでいます。　He lives in Sapporo.

たまてばこ	だれが	する（です）	だれ・なに	どこ	いつ
	かれは	住んでいます		札幌に	
	He	lives		in Sapporo.	

When の疑問文ってどう作るの？

When は「いつ」の意味を持つことばだよ。
これまでと同じく　When　＋疑問文の形になるんだ。

この文を英語にしたい！　　かれらは、いつ日本に来ましたか？

まずは疑問文を作ろう！

たまてばこ	だれが	する（です）	だれ・なに	どこ	いつ
しましたか？	かれらは	来ます		日本に	
Did	they	come		to Japan?	

When で文をはじめて「いつ」来たのか聞こう！

かれらはいつ日本に来ましたか？　When did they come to Japan?

たまてばこ	だれが	する（です）	だれ・なに	どこ	いつ
いつしましたか？	かれらは	来る		日本に	
When did	they	come		to Japan?	

答えかた

かれらは20年前にここに来ました。　They came here 20 years ago.

たまてばこ	だれが	する（です）	だれ・なに	どこ	いつ
	かれらは	来ました		ここに	20年前に
	They	came		here	20 years ago.

答えるときに過去形にもどすのを忘れずに！

疑問詞❸ Who, Why しつもんの文（疑問文）

だれですか？／なぜ〜か？

Who の疑問文ってなに？

Who は関係詞のところで出てきたね。「だれが」という意味になるよ。
疑問文のときは文の頭に Who を置いて、 Who ＋疑問文を作るよ。

この文を英語にしたい！　　かのじょはだれですか？

まずは疑問文を作ろう！

たまてばこ	だれが	する（です）	だれ・なに	どこ	いつ
です	かのじょは				
Is	she?				

Who で文をはじめて「だれ」か聞こう！

かのじょはだれですか？　Who is she？

たまてばこ	だれが	する（です）	だれ・なに	どこ	いつ
だれですか？	かのじょは				
Who is	she?				

答えかた

かのじょはわたしの妹です。　She is my younger sister.

たまてばこ	だれが	する（です）	だれ・なに	どこ	いつ
	かのじょは	です	わたしの妹		
	She	is	my younger sister.		

☐ わたしの妹 ＝ my younger sister

Why の疑問文ってなに?

Why は「なぜ」という意味があるよ。疑問文のときは文の頭に Why を置いて、 Why ＋疑問文を作るよ。

この文を英語にしたい！ あなたは、なぜ英語を勉強しますか?

まずは疑問文を作ろう！

たまてばこ	だれが	する（です）	だれ・なに	どこ	いつ
しますか?	あなたは	勉強します	英語を		
Do	you	study	English?		

Why を疑問文の前に入れて「なぜ」か聞こう！
あなたは、なぜ英語を勉強しますか? Why do you study English?

たまてばこ	だれが	する（です）	だれ・なに	どこ	いつ
なぜ〜しますか?	あなたは	勉強する	英語を		
Why do	you	study	English?		

答えかた

なぜなら、わたしは英語が好きだからです。　Because I like English.

たまてばこ	だれが	する(です)	だれ・なに	どこ	いつ
なぜなら〜だからです	わたしは	好き	英語が		
Because	I	like	English.		

理由を聞かれたときは Because（なぜなら〜から）を文のはじめに置くよ!

☐ なぜなら〜だからです ＝ because

レッスン
24
疑問文❸ (Who, Why)

さまざまな文って
どんなものがあるの？

いよいよ、最後のレッスンだね。
ここではさまざまな英語の文について勉強していくよ。

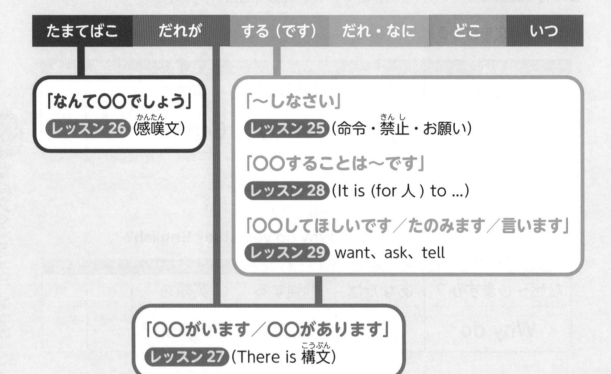

たまてばこ	だれが	する（です）	だれ・なに	どこ	いつ

「なんて〇〇でしょう」
レッスン 26 （感嘆文）

「〜しなさい」
レッスン 25 （命令・禁止・お願い）

「〇〇することは〜です」
レッスン 28 （It is (for 人) to ...）

「〇〇してほしいです／たのみます／言います」
レッスン 29 want、ask、tell

「〇〇がいます／〇〇があります」
レッスン 27 （There is 構文）

「～しなさい」の文　主語をとって動詞からはじまる

気をつけなさい。

だれが	する（です）	だれ・なに	どこ	いつ
	～なさい	気をつける		
	Be	careful.		

「～がいます／～があります」の文　There is を使う

公園には犬がいます。

だれが	する（です）	だれ・なに	どこ	いつ
～います		犬が	公園には	
There	is	a dog	in the park.	

「（人に）○○たのみます」の文　ask を使う

わたしはかのじょに、わたしを手伝ってくれるようにたのみました。

だれが	する（です）	だれ・なに		どこ	いつ
わたしは	たのみました	かのじょに	わたしを手伝うことを		
I	asked	her	to help me.		

25 命令・禁止・お願い　さまざまな文 　ダウンロード 31

～しなさい／～してください

命令文ってなに？

相手に何かをしてほしいとたのむときにも、いろいろな言い方があるよね。命令文は、「～しなさい」と、強く相手に命令するときに使うよ。

どんな形？

動詞の元の形（原形）から文が始まるんだ。命令文は、目の前の「あなた（たち）」（You）に向かって使われるから、 だれが には、なにも入らないんだね。

● 命令文

この文を英語にしたい！　いますぐここに来なさい。

だれが を取って、動詞の元の形（原形）から始める。

いますぐここに来なさい。　**Come here right now.**

だれが	する（です）	だれ・なに	どこ	いつ
	来なさい		ここに	今すぐ
	Come		here	right now.

□ 今すぐ ＝ right now

> 命令文のほかにも、相手に命令する表現は「〜してはいけません」（禁止）や「（どうぞ）〜してください」などがあるんだ。

● 禁止

この文を英語にしたい！ この川で泳いではいけません。

だれが を取って、動詞の元の形（原形）から始める。

この川で泳いではいけません。 **Don't swim in this river.**

だれが	する（です）	だれ・なに	どこ	いつ
	泳いではいけません		この川で	
	Don't swim		in this river.	

□ 泳ぐ ＝ swim □ この川で ＝ in this river

● お願い（依頼）

この文を英語にしたい！ ここではどうぞ静かにしてください。

命令文をまず作ろう。

ここでは静かにしなさい。 **Be quiet here.**

だれが	する（です）	だれ・なに	どこ	いつ
	〜しなさい	静かな（状態）	ここでは	
	Be	quiet	here.	

□ 静かな ＝ quiet

たまてばこ に Please（どうぞ）を入れて、ていねいな表現にしよう！

ここではどうぞ静かにしてください。 **Please be quiet here.**

たまてばこ	だれが	する（です）	だれ・なに	どこ	いつ
どうぞ		〜してください	静かな（状態）	ここでは	
Please		be	quiet	here.	

レッスン **25** 命令・禁止・お願い

かんたん
感嘆文 さまざまな文

ダウンロード
32

なんて○○でしょう！

What a beautiful flower this is!

感嘆文ってなに？

なにかに感動したり、驚いたりするときに使われる文のことだよ。
「なんて○○でしょう」という意味があるよ。

どんな形？

感嘆文はおもに２つの形があるよ。確認してみよう。

● **What を使うとき**

…What [(a) どんな人／モノ] ＋だれが＋する〜！
「なんて〜な（人・モノ）なんでしょう」

	たまてばこ	だれが	する（です）	だれ・なに	どこ	いつ
キホンの文 はこれ！		This	is	a beautiful flower.		

What を文の頭に、a beautiful flower をその後に置くよ。最後に「！」を忘れずに。

これはなんて美しい花でしょう！　**What a beautiful flower this is!**

たまてばこ		だれが	する（です）	だれ・なに	どこ	いつ
なんて美しい花		これは	でしょう			
What	a beautiful flower	this	is!			

□ 美しい ＝ beautiful
□ 花 ＝ flower

● **How を使うとき**

…How ＋どんな／どのように ＋だれが＋する（です）〜！「なんて〜でしょう」

	たまてばこ	だれが	する（です）	だれ・なに	どこ	いつ
キホンの文 はこれ！		This flower	is	beautiful.		

How を文の頭に、beautiful をその後に置くよ。最後に「！」を忘れず。

この花はなんて美しいのでしょう！　**How beautiful this flower is!**

たまてばこ		だれが	する（です）	だれ・なに	どこ	いつ
なんて美しい		この花は	のでしょう			
How	beautiful	this flower	is ！			

There is 構文 さまざまな文

ダウンロード
33

○○がいます／○○があります

> There is a cat
> under the table.

There is 構文ってなに？

There is ではじまる文のことだよ。「(どこどこに) ○○がいる／ある)」という意味を表すんだ。だれが する(です) ボックスを使うよ。そのあとには だれ・なに に人やモノが入ることばが続くよ。

どんなとき使うの？

「公園には３人のこどもがいます」とか「校庭には花だんがあります」など、場面を説明するときに使うよ。次の例文を見てみよう。

●この文を英語にしたい！

ステップ0

> テーブルの下に１ぴきのねこがいます。

●意味のまとまりで区切る！

ステップ1

> テーブルの下に ❀ １ぴきのねこが ❀ います。

●「意味順」ボックスに入れると、英語の順番になる！   「だれが」に注目！

ステップ2

だれが	する(です)	だれ・なに	どこ	いつ
〜がいます		１ぴきのねこ	テーブルの下に	

●日本語を英語に置きかえれば、英文の完成！

ステップ3

だれが	する(です)	だれ・なに	どこ	いつ
〜がいます		１ぴきのねこ	テーブルの下に	
There	is	a cat	under the table.	

✔ ☐ １ぴきのねこ ＝ a cat
☐ テーブルの下に ＝ under the table

There is a cat under the table.
テーブルの下に１ぴきのねこがいます。

28 It is ～ (for 人) to … さまざまな文 ダウンロード 34

○○することは～です。

It is ～ (for 人) to…の文ってなに?

「(人が) ○○することは～です」 という意味を持つ文のことだよ。

なんでその形なの?

だれが の中身が長いと、英語では It をひとまず置いて、あとから説明するんだ。次の文を見てみよう。

英語を勉強することは大切です。　**To study English is important.**

だれが	する（です）	だれ・なに	どこ	いつ
英語を勉強することは	です	大切		
To study English	is	important.		

だれが に入るのが To study English 「英語を勉強することは」 と少し長いね。これを It に置きかえて、To study English を後ろに移動しよう。

英語を勉強することは大切です。　**It is important to study English.**

だれが	する（です）	だれ・なに	どこ	いつ
It	is	important		
to study English.				

□ 大切 = important

次に「for 人」の形の文も見てみよう！

● この文を英語にしたい！

ステップ **0**

試験に合格することは、わたしにとって必要です。

● 意味のまとまりで区切る！

ステップ **1**

試験に合格することは ◆ わたしにとって ◆ 必要 ◆ です。

● 「意味順」ボックスに入れると、英語の順番になる！

ステップ **2**

だれが	する（です）	だれ・なに	どこ	いつ
（〜は）	〜です	必要		
わたしにとって試験に合格することは				

● 日本語を英語に置きかえれば、英文の完成！

ステップ **3**

だれが	する（です）	だれ・なに	どこ	いつ
It	is	necessary		
for me to pass the exam.				

✔ ☐ わたしにとって試験に合格すること ＝ for me to pass the exam

☐ 必要 ＝ necessary

It is necessary for me to pass the exam.

試験に合格することは、わたしにとって必要です。

29 want, ask, tell さまざまな文 ダウンロード 35

（人に）○○してほしいです／たのみます／言います

いよいよ最後のレッスンだね。ここでは、「（人に）○○してほしいです」「（人に）○○するようにたのみます／言います」という形を学んでいくよ。

want/ask/tell の形

する（です） ＋ だれ ＋ to 不定詞 ＝ だれ に…するよう する

want ＋ 人 ＋ to 不定詞 ＝ 人に…してほしいです。

ask ＋ 人 ＋ to 不定詞 ＝ 人に…するようにたのみます。

tell ＋ 人 ＋ to 不定詞 ＝ 人に…するように言います。

● する に want が入るとき

この文を英語にしたい！ わたしは、あなたにまどをあけてほしいです。

意味順ボックスで英語の順番にすると

だれが	する（です）	だれ・なに		どこ	いつ
わたしは	してほしいです	あなたに	まどをあけることを		

英語を当てはめて完成！

わたしはあなたに、まどをあけてほしいです。 **I want you to open the window.**

だれが	する（です）	だれ・なに		どこ	いつ
わたしは	してほしいです	あなたに	まどをあけることを		
I	want	you	to open the window.		

□ まどをあけることを ＝ to open the window

● する に ask が入るとき

この文を英語にしたい！　わたしはかのじょに、わたしを手伝ってくれるようにたのみました。

意味順ボックスで英語の順番にすると

だれが	する（です）	だれ・なに		どこ	いつ
わたしは	たのみました	かのじょに	わたしを手伝うことを		

レッスン 29

want, ask, tell

英語を当てはめて完成！

わたしはかのじょに、わたしを手伝ってくれるようにたのみました。　**I** asked **her** to help me.

だれが	する（です）	だれ・なに		どこ	いつ
わたしは	たのみました	かのじょに	わたしを手伝うことを		
I	asked	her	to help me.		

☐ （わたしを）手伝う ＝ help me

● する に tell が入るとき

この文を英語にしたい！　その先生は、わたしに宿題をするように言いました。

意味順ボックスで英語の順番にすると

だれが	する（です）	だれ・なに		どこ	いつ
その先生は	言いました	わたしに	宿題をすることを		

英語を当てはめて完成！

その先生は、わたしに宿題をするように言いました。
The teacher told **me** to do my homework.

だれが	する（です）	だれ・なに		どこ	いつ
その先生は	言いました	わたしに	宿題をすることを		
The teacher	told	me	to do my homework.		

☐ （自分の）宿題をする ＝ do my homework
☐ 言いました ＝ told （言う＝ tell）

文をつくるのに必要なことば（品詞）

英語の文は単語がいくつか組み合わさってできているんだ。その単語を形や働きから分けたものを品詞と呼ぶよ。

たとえば、

わたしは部屋でテレビを見ます。

という文があるとするよね。英語では、

I watch TV in my room.

だったね！これを品詞で分けると

I ❖ watch ❖ TV ❖ in ❖ my ❖ room.

となるんだ。それぞれどんな品詞かを見てみると…

代名詞 ❖ 動詞 ❖ 名詞 ❖ 前置詞 ❖ 代名詞 ❖ 名詞

となるよ。

品詞にはさまざまな種類があるんだ。
おもな英語の品詞を確認しておこう！

英語のおもな品詞

おもな品詞	意味・働き	例
① 名詞	人やモノの名前を表す	Ken, girl, book, water など
② 代名詞	名詞の代わりをする	I, you, he, she, it, they など
③ 冠詞	名詞（人やモノ）の前に置き、それが特定か不特定かを表す	a/an（不特定の人やモノに使う）, the（特定の人やモノに使う）
④ 形容詞	人やモノの性質や状態を表す	tall, big, happy, young など
⑤ 動詞	動作や状態を表す	be, play, study, go, come など
⑥ 助動詞	話し手の気持ちや判断を表す	will, can, may, must など
⑦ 副詞	動詞や形容詞を修飾する	well, fast, very など
⑧ 前置詞	時や場所を表すときに用いる	at, on, in など
⑨ 接続詞	語句と語句、文と文をつなぐ	and, but, or, that, if など
⑩ 間投詞	話し手の感情を表す	oh, well など

意味順マップ

品詞のはたらきと「意味順」（「だれが」「する（です）」「だれ・なに」「どこ」「いつ」）の関わりはどうなっているのかな？

たまてばこ	だれが	する（です）	だれ・なに	どこ	いつ
疑問文や文と文をつなぐとき	だれが なにが	〜する …です	だれ・なに だれに＋なにを だれが＋なんだ	〜場所へ 〜場所で	〜（時）に 〜の間
疑問文 （疑問詞や、Do や Can などの助動詞など） 接続詞 仮定法	名詞 代名詞 冠詞	動詞 時制 進行形 完了形 助動詞 受動態	名詞 代名詞 冠詞 形容詞 不定詞 動名詞 分詞 比較	前置詞 名詞 副詞	前置詞 名詞 副詞

She is going to ride a bicycle this weekend.	かのじょは今週末、自転車に乗るつもりです。	44
I will go to Italy next year.	わたしは来年イタリアに行くでしょう。	45

レッスン 04　未来表現のまとめ

I will leave here soon.	わたしはもうすぐここを立ち去るでしょう。	47
They will come to Japan next week.	かれらは来週、日本に来るでしょう。	47
I am going to play baseball tomorrow.	わたしは明日、野球をするつもりです。	47
Kazuya is going to meet his aunt next Saturday.	カズヤはつぎの土曜日におばに会うつもりです。	47

時制のおさらい ❶

I am a doctor.	わたしは医者です。	48
It is rainy today.	今日は雨です。	48
They are teachers now.	かれらは今、先生です。	48
I was a doctor 20 years ago.	わたしは20年前、医者でした。	48
It was rainy yesterday.	昨日は雨でした。	48
They were teachers last year.	かれらは去年、先生でした。	48
I will be a doctor.	わたしは医者になるつもりです。	48
It will be rainy tomorrow.	明日は雨になるでしょう。	48
They are going to be teachers next year.	かれらは来年先生になるでしょう。	48
I go to school.	わたしは学校に行きます。	49
She studies English every day.	かのじょは毎日英語を勉強します。	49
We watch TV every night.	わたしたちは毎ばんテレビを見ます。	49
I went to school yesterday.	わたしは昨日、学校に行きました。	49
She studied English last week.	かのじょは先週、英語を勉強しました。	49
We watched TV last night.	わたしたちは昨夜、テレビを見ました。	49
I am going to go to school tomorrow.	わたしは明日、学校に行くでしょう。	49
She will study English after dinner.	かのじょは夕食後、英語を勉強するでしょう。	49
We will watch TV this evening.	わたしたちは今夜、テレビを見るつもりです。	49

レッスン 05　現在進行形

I am reading a book now.	わたしは今、本を読んでいます。	51
You are writing a letter now.	あなたは今、手紙を書いています。	52
Peter is making cookies in the kitchen now.	ピーターは今、台所でクッキーを作っています。	53

レッスン 19　be 動詞❸		
Are you a student? — Yes, I am./ 　 No, I am not. (=I'm not.)	あなたは学生ですか? — はい、わたしはそうです。／ 　 いいえ、わたしはちがいます。	147
Was he happy? — Yes, he was./ 　 No, he was not.(=wasn't.)	かれは幸せでしたか? — はい、かれは幸せでした。／ 　 いいえ、かれは幸せではありませんでした。	147
レッスン 20　一般動詞❸		
Do you live in Yokohama? — Yes, I do./ 　 No, I do not. (=don't.)	あなたは横浜に住んでいますか? — はい、わたしは住んでいます。／ 　 いいえ、わたしは住んでいません。	148
Does she like English? — Yes, she does./ 　 No, she does not. (=doesn't)	かのじょは英語が好きですか? — はい、かのじょは好きです。／ 　 いいえ、かのじょは好きではありません。	149
Did they play soccer yesterday? — Yes, they did./ 　 No, they did not. (=didn't)	かれらは昨日、サッカーをしましたか? — はい、かれらはしました。／ 　 いいえ、かれらはしていません。	149
レッスン 21　助動詞❷		
Can you play the violin? — Yes, I can./ 　 No, I cannot. (=can't.)	あなたはバイオリンを弾くことができますか? — はい、わたしはできます。／ 　 いいえ、わたしはできません。	150
Have you finished your homework yet?	あなたはもう宿題を終えましたか?	
— Yes, I have./ 　 No, I have not. (=haven't.)	— はい、わたしはしました。／ 　 いいえ、わたしはしていません。	151
レッスン 22　疑問詞❶ What		
What is Kate doing now? — She is cooking in the kitchen.	ケイトは今、なにをしていますか? — かのじょは台所で料理をしています。	152
What do you study on Mondays? — I study English and Spanish.	あなたは月曜日なにを勉強しますか? — わたしは英語とスペイン語を勉強します。	153
レッスン 23　疑問詞❷ Where, When		
Where does he live? — He lives in Sapporo.	かれは、どこに住んでいますか? — かれは、札幌に住んでいます。	154
When did they come to Japan? — They came here 20 years ago.	かれらはいつ日本に来ましたか? — かれらは20年前にここに来ました。	155
レッスン 24　疑問詞❸ Who, Why		
Who is she ? — She is my younger sister.	かのじょはだれですか? — かのじょはわたしの妹です。	156
Why do you study English? — Because I like English.	あなたは、なぜ英語を勉強しますか? — なぜなら、わたしは英語が好きだからです。	157

──── 著者紹介 ────

田地野 彰　（Akira Tajino）

名古屋外国語大学教授。京都大学名誉教授。 専門は、教育言語学・英語教育。
言語学博士 (Ph.D.)。「意味順」に関する著書としては、『＜意味順＞英作文の
すすめ』(岩波ジュニア新書, 2011)、『「意味順」英語学習法』(ディスカヴァー・
トゥエンティワン , 2011)、『学習英文法を見直したい』(共著：研究社 , 2012)、
『NHK基礎英語中学英語完全マスター「意味順」書き込み練習帳』(NHK出版 ,
2014)、『「意味順」でまるわかり！どんどん話すためのカンタン英作文』(Jリ
サーチ出版 , 2018)、『A New Approach to English Pedagogical Grammar:
The Order of Meanings』(編著：Routledge, 英国 , 2018)、『「意味順」だ
からできる！ 小学生のための英文法ドリル①〜③』(監修：Jリサーチ出版 ,
2018〜2020) など。また、NHKテレビ語学番組Eテレ「基礎英語ミニ」(2012
年度上半期) の監修やNHKラジオテキスト『基礎英語1』(2013年度・2014年度)
にて「あたらしい英語の教科書」を担当。

カバーデザイン	株式会社　デジカル
本文デザイン・DTP	江口うり子（アレピエ）
音声収録・編集	一般財団法人 英語教育協議会（ELEC）
本文イラスト	Coma ／中川視保子
英文校閲	John Andras Molnar

「意味順」だからできる！
絵と図でよくわかる
小学生のための中学英文法入門

令和2年（2020年）　9月10日 初版第1刷発行
令和5年（2023年）　3月10日　　第4刷発行

著　　者	田地野彰
発行人	福田富与
発行所	有限会社Jリサーチ出版
	〒166-0002　東京都杉並区高円寺北2-29-14-705
	電　話 03(6808)8801(代)　FAX 03(5364)5310
	編集部 03(6808)8806
	https://www.jresearch.co.jp
	Twitter公式アカウント @Jresearch_　https://twitter.com/Jresearch
印刷所	株式会社シナノ パブリッシング プレス